ADOLPHE JOANNE

GÉOGRAPHIE

DU NORD

17 gravures et une carte

HACHETTE ET Cᴵᴱ

GÉOGRAPHIE

DU DÉPARTEMENT

DU NORD

AVEC UNE CARTE COLORIÉE ET 17 GRAVURES

PAR

ADOLPHE JOANNE

AUTEUR DU DICTIONNAIRE GÉOGRAPHIQUE ET DE L'ITINÉRAIRE
GÉNÉRAL DE LA FRANCE

DEUXIÈME ÉDITION
REVUE ET AUGMENTÉE

PARIS
LIBRAIRIE HACHETTE ET CIE
79, BOULEVARD SAINT-GERMAIN

1878

Droits de traduction et de reproduction réservés.

TABLE DES MATIÈRES

DÉPARTEMENT DU NORD

I	1	Nom, formation, situation, limites, superficie.	1
II	2	Physionomie générale.	2
III	3	Rivières et canaux.	5
IV	4	Climat.	12
V	5	Histoire.	13
VI	6	Personnages célèbres.	20
VII	7	Population, langues, cultes, instruction publique.	23
VIII	8	Divisions administratives.	24
IX	9	Agriculture.	30
X	10	Industrie; mines.	31
XI	11	Commerce, chemins de fer, routes.	33
XII	12	Dictionnaire des communes.	37

LISTE DES GRAVURES

1	Cassel, vu de la route de Saint-Omer.	3
2	Quai de Dunkerque.	11
3	Grand'place, colonne et Bourse de Lille.	15
4	Église et tour Saint-Éloi, à Dunkerque.	17
5	Landrecies.	18
6	Hôtel de ville de Cambrai.	19
7	Maubeuge.	20
8	Statue de Jean Bart, à Dunkerque.	21
9	Rotonde des bains de boues de Saint-Amand.	31
10	Façade de l'ancienne église abbatiale de Saint-Amand-les-Eaux.	39
11	Beffroi de Bergues.	41
12	Porte de l'ancien évêché de Cambrai.	42
13	Porte Notre-Dame, à Cambrai.	43
14	Ancien hôtel de ville de Cassel.	45
15	Douai. — Beffroi et hôtel de ville.	47
16	Église d'Hazebrouck.	49
17	Hôtel de ville de Valenciennes.	57

Typographie Lahure, rue de Fleurus, 9, à Paris.

DÉPARTEMENT
DU NORD

I. — Nom, formation, situation, limites, superficie.

Le département du Nord doit son *nom* à sa situation, car il occupe l'extrémité septentrionale du territoire français.

Il fut *formé*, en 1790, de territoires appartenant à trois des pays qui constituaient l'ancienne France : la FLANDRE FRANÇAISE, dont Lille était la capitale, fournit à elle seule près de la moitié du département actuel; le HAINAUT FRANÇAIS contribua pour plus d'un tiers; le CAMBRÉSIS, pour le sixième environ. De plus, quelques communes furent empruntées à l'*Artois* et au *Vermandois*.

Par sa *situation*, ce département est le plus septentrional de la France. Plusieurs de ses communes se trouvent au nord du 51e degré de latitude, c'est-à-dire dans la même position que le midi de l'Angleterre, le nord de la Belgique, le centre de l'Allemagne et le sud de la Pologne. Lille, son chef-lieu, est à 250 kilomètres au nord-est de Paris, capitale de la France, à 109 de Bruxelles, capitale de la Belgique; de Lille à Londres, capitale de l'Angleterre, il n'y a guère plus loin que de Lille à Paris.

Le département du Nord est *borné* : au septentrion, par la mer du Nord, mer qui est comprise entre l'Angleterre et l'Écosse, la France, la Belgique, la Hollande, l'Allemagne, le Danemark et la Norvége; à l'est, il confine à la Belgique; au sud, aux départements de l'Aisne et de la Somme; à l'ouest, au département du Pas-de-Calais. Ses frontières sont généralement conventionnelles, excepté au nord et au nord-ouest : au nord, il a pour limite la mer sur 34 kilomètres; au nord-ouest, le cours de l'Aa le sépare sur 24 kilomètres du département du Pas-de-Calais.

Sa *superficie* est de 568,087 hectares. Sous ce rapport, le département du Nord est le soixantième département de la France : en d'autres termes, vingt-sept seulement sont plus petits. Sa plus grande *longueur*, — du nord-ouest au sud-est, — est en ligne droite de près de 190 kilomètres : c'est la plus longue ligne qu'on puisse tracer en France dans l'intérieur d'un département. La plus grande *largeur* (environ 88 kilomètres) se trouve dans le sud, à peu près à la hauteur du Quesnoy; la plus petite, vers Armentières, n'est que de 6 kilomètres, et le département, dont la forme est extrêmement singulière, se divise en réalité en deux territoires réunis par une espèce d'isthme qui pourrait s'appeler isthme d'Armentières, du nom de la principale ville voisine de cet étranglement. Le territoire du nord-ouest comprend les deux arrondissements de Dunkerque et d'Hazebrouck; les arrondissements de Lille, Douai, Valenciennes, Cambrai, Avesnes forment le second territoire, qui comprend le centre et le sud du département. Le pourtour est de 600 kilomètres en nombres ronds, les petites sinuosités non comprises.

II. — Physionomie générale.

Le département du Nord se partage en deux régions très-différentes de nature et d'aspect : la Flandre et les Ardennes.

La **Flandre** comprend le nord et le centre du département. On peut la considérer comme s'arrêtant à la rive gauche de l'Escaut; elle couvre donc les arrondissements de Dunkerque, d'Hazebrouck, de Lille, de Douai et une partie de celui de Valenciennes, ce qui fait environ les trois cinquièmes du territoire. La France a des contrées aussi fertiles, mais elle n'en a pas d'aussi productives, d'aussi bien cultivées, ni d'aussi peuplées, en exceptant toutefois le département de la Seine, auquel Paris donne une densité de population exceptionnelle. La présence de la houille, qui se trouve dans le sous-sol de 60,000 hectares, a permis à l'industrie d'y prendre un développement égal à celui de l'agriculture; aussi la Flandre est-elle comme une immense ville dont les quartiers seraient tantôt séparés par des champs admirablement soignés, tantôt

Cassel, vu de la route de Saint-Omer.

reliés par des groupes d'usines que dominent de hautes cheminées.

Mais, autant ce pays est riche, autant il est monotone : les collines y manquent presque partout; les rivières y sont lentes, canalisées, noircies par le charbon de terre, les détritus des usines, les immondices des cités. La campagne n'a d'autre élément de variété que la prédominance de telle ou telle culture, de telle ou telle espèce d'arbres autour des fermes et sur la berge des chemins et des canaux. Ce sont toujours les mêmes villes, les mêmes bâtiments industriels, les mêmes vallons effacés, le même aspect, du premier plan jusqu'à l'horizon.

La Flandre est peu élevée au-dessus du niveau de la mer, surtout dans le nord du département, entre les collines de Cassel et les dunes du littoral de Dunkerque : là s'étendent au loin, sur 40,000 hectares, des terrains à peu près de niveau avec l'Océan, dont ils furent autrefois un golfe. Ce golfe, il y a mille ans, se changea en marais. Aujourd'hui, ces 40,000 hectares sont une des plaines les plus fécondes du pays; mais, si l'on négligeait les digues et les canaux innombrables qui les mettent à l'abri de l'invasion des eaux, ils ne tarderaient pas à redevenir marécages.

C'est précisément à la lisière méridionale de ces terres les plus basses de la Flandre que se dressent les collines les plus hautes de la région, le mont de Cassel, le mont des Cats, le mont Noir. Ils n'ont que 175, 138 et 131 mètres d'altitude, autrement dit d'élévation au-dessus de la mer; mais, comme ils n'ont ni voisins, ni rivaux, et qu'ils s'élancent du milieu de plaines extrêmement plates, ils offrent une telle importance, qu'on leur pardonne leur nom de montagne, bien qu'ils ne méritent que celui de coteaux. De leur cime, le regard, que rien ne contrarie, embrasse un immense horizon sur la France et sur la Belgique. Les autres collines du pays de Flandre sont insignifiantes.

A partir de la vallée de l'Escaut, le sol se relève dans la direction du sud-est, il s'accidente, les coteaux se redressent et se boisent, les vallons se creusent; on entre dans les **Ardennes**, massif de petites montagnes et de plateaux qui couvre le sud de la Belgique et donne son nom à un département français presque limitrophe des cantons sud-est du Nord. L'arrondissement d'Avesnes, qui appartient en entier à la région des Ardennes, ne ressemble en rien à la portion centrale et septentrionale du département auquel il a été rattaché. Au lieu d'être monotone, mais admirablement cultivé, opulent, extrêmement peuplé, il est pittoresque, mais comparativement peu riche, avec peu d'habitants. Il possède à lui seul plus de la moitié des bois que renferme le territoire. Ses deux plus belles forêts sont la forêt de Trélon, près d'Avesnes, et la forêt de Mormal (*V*. p. 50), près de Landrecies. C'est dans son canton le plus méridional, le canton de Trélon, que se dresse le sommet culminant du Nord, le *bois de Saint-Hubert*, qui atteint 266 mètres. Il faudrait donc quadrupler la hauteur du beffroi de Dunkerque, et ajouter encore 26 mètres, pour bâtir sur le bord de la mer un belvédère aussi élevé que la colline de Saint-Hubert : celle-ci touche tout à fait à la Belgique ; Anor en est le village le plus voisin.

Au sud de la Flandre, à l'ouest des Ardennes, les collines de l'arrondissement de Cambrai, hautes généralement de 100 à 150 mètres, vont se réunir au plateau de l'Artois et de la Picardie.

III. — Rivières et canaux.

HYDROGRAPHIE FLUVIALE. — Le département du Nord se divise en plusieurs bassins ; en d'autres termes, ses eaux se versent dans des fleuves qui les mènent à la mer par des voies différentes : ainsi les eaux de la commune d'Anor vont passer devant les quais de Rouen et tomber dans la Manche ; celles de Fourmies, commune voisine, vont passer devant Liége, et s'engloutissent dans la mer du Nord.

Les bassins qui se partagent le Nord sont, par ordre d'importance : le bassin de l'Escaut, celui de la Meuse, celui de l'Yser, celui de l'Aa, celui de la Seine. Les quatre premiers portent leurs eaux à la mer du Nord, le dernier les porte à la Manche.

Le bassin de l'Escaut embrasse plus des deux tiers du département ; il s'étend sur les arrondissements entiers de Cambrai, de Valenciennes, de Douai, de Lille, et sur une grande partie de ceux d'Avesnes et d'Hazebrouck.

L'**Escaut** prenait autrefois sa source dans le cimetière du village de Beaurevoir. A la suite de transports de terrains qui gênèrent la marche des eaux dans le vallon de Beaurevoir, la fontaine d'où sort le fleuve se porta à 3 ou 4 kilomètres plus bas, à l'abbaye du Mont-Saint-Martin, tout près du Catelet, chef-lieu de canton du département de l'Aisne. Après 7 kilomètres de cours, l'Escaut entre, au-dessus de Honnecourt, sur le territoire du Nord, où il baigne un grand nombre de riches villages et plusieurs villes : Marcoing, Cambrai, Bouchain, Valenciennes, Condé. Au-dessous de Mortagne, il quitte la France pour la Belgique, arrose Tournay, Audenarde, Gand, Termonde, Anvers. Devant cette ville, c'est déjà un large cours d'eau portant les plus grands navires. En aval, il se transforme en un vaste estuaire, puis se divise en deux golfes, l'Escaut occidental et l'Escaut oriental, séparés par les deux îles de Beveland et l'île de Walcheren.

L'Escaut se dirige du sud au nord, abstraction faite de nombreux circuits qui portent son cours à 350 kilomètres environ, dont 100 en France. Sa pente est faible, car il prend sa source à une hauteur peu considérable au-dessus de la mer, à 90 mètres seulement ; et comme il parcourt un long trajet de son origine à l'Océan, sa vallée est peu inclinée de l'amont à l'aval. Aussi a-t-il été rendu aisément navigable. Il porte bateau à partir de Cambrai.

Les principaux tributaires de l'Escaut dans le Nord sont l'Eauette, l'Herclain, la Sensée, la Selle, l'Écaillon, la Rhonelle, la Hayne, la Scarpe. En Belgique, à Gand, il reçoit une rivière qui a traversé le département, la Lys.

L'*Eauette* prend sa source à la fontaine des Pierres et tombe dans l'Escaut (rive gauche) à Marcoing, après un cours de 2 kilomètres seulement.

L'*Herclain* sort de terre à Trois-Villes et se perd dans l'Escaut à Iwuy (rive droite). Son cours est de 30 kilomètres.

La *Sensée* vient du département du Pas-de-Calais, où elle naît à quelques kilomètres au nord de la ville de Bapaume, et où elle a plus des deux tiers de son cours, long de 60 kilomètres. Dans le département du Nord, elle prête sa vallée à un canal navigable, qui a pris le nom de canal de la Sensée et qui relie la Scarpe au canal de l'Escaut, qu'il rejoint au lieu dit le

Bassin-Rond. Elle s'engloutit dans l'Escaut, sur la rive gauche, à l'entrée de Bouchain. — La Sensée a pour affluent la *Gache*, dont l'embouchure se trouve sur le territoire d'Aubencheul-au-Bac.

La *Selle* a son origine dans le vallon de Molain (département de l'Aisne) ; elle entre bientôt dans le département du Nord, y baigne deux villes, le Cateau et Solesmes, et gagne l'Escaut à Denain (rive droite). Cours, 45 kilomètres. — Elle a pour affluents le *Bassuyau* et le *Bayart*.

L'*Écaillon* sort d'un étang à l'entrée de la forêt de Mormal, passe à 2 kilomètres au sud des murs du Quesnoy et tombe dans l'Escaut (rive droite) en aval de Thiant, après un parcours de 50 kilomètres.

La *Rhonelle* a la même longueur que l'Écaillon ; elle sort comme lui de la forêt de Mormal et passe aussi au pied de la colline du Quesnoy, à 1 kilomètre environ au nord-est. Elle traverse Valenciennes et s'y perd dans l'Escaut (rive droite).

La *Hayne* a sa source et presque tout son cours dans la Belgique, où elle traverse l'importante ville de Mons ; sur une longueur de 80 kilomètres, 5 ou 6 seulement appartiennent à la France. Cette rivière se jette dans l'Escaut sur la rive droite, à Condé. — La *Trouille*, tributaire de la Hayne, qu'elle rejoint à Mons, commence à 5 kilomètres au nord de la station de Jeumont (canton de Maubeuge), et passe en Belgique après 8 kilomètres de cours. — L'*Hogneau*, qui se verse aussi dans la Hayne, à une petite distance de Condé, a également sa source en France, dans la forêt de Mormal, et son cours inférieur en Belgique : il reçoit l'*Honnelle*, qui se forme dans la forêt de Mormal et traverse Blanc-Misseron.

La *Scarpe* arrive du département du Pas-de-Calais, dont elle traverse le chef-lieu, Arras. Dans le département du Nord, elle baigne Douai, Marchiennes, Saint-Amand, et se réunit à l'Escaut à 1,200 mètres seulement en amont de l'entrée de ce fleuve en Belgique, après avoir côtoyé comme lui la belle forêt de Saint-Amand (5,400 hectares). Cette rivière, d'un cours total de 112 kilomètres, presque également partagé entre les deux départements, coule dans une vallée naturellement marécageuse, mais soigneusement desséchée. Elle est navigable et, comme les autres rivières et les canaux de ce pays, elle transporte beaucoup de houille.

La Lys, bien plus considérable que les autres affluents de l'Escaut, appartient au département du Pas-de-Calais par sa vallée supérieure, à la Belgique par sa vallée inférieure. Elle n'a dans le Nord que son cours moyen. Née à Lisbourg, à 5 kilomètres au nord-ouest d'Heuchin, au pied de collines de 150 à 185 mètres, elle est déjà navigable quand elle commence à toucher le département au-dessous d'Aire. Les villes du Nord qu'elle côtoie ou traverse sont Merville, Estaires, Armentières. En Belgique, elle passe à Menin, à Courtrai, et finit à Gand. Sur 205 kilomètres de cours, détours compris, elle n'en a pas tout à fait 100 en France. — La *Clarence*, la *Lawe*, venue de Béthune, sont deux rivières du département du Pas-de-Calais qui n'appartiennent au département du Nord que par l'extrémité inférieure de leur cours et par leur embouchure dans la Lys, la première près de Merville, la seconde près d'Estaires. — Un troisième affluent de la Lys, la *Deule*, partage à peu près son cours de 86 kilomètres entre les deux départements. Elle commence à 10 ou 12 kilomètres au nord d'Arras, dans le Pas-de-Calais, sous le nom de *Souchez*. Au-dessous de Lens, elle prend le nom de Deule. Dans le Nord, où elle est navigable, elle baigne Haubourdin, Loos, Lille, Quesnoy-sur-Deule, et s'achève à Deulémont. — La Deule reçoit, à Marquette (rive droite), la *Marcq*, qui prend sa source à Mons-en-Pévèle.

La **Meuse** est un fleuve long de 800 kilomètres qui naît en France, passe en Belgique et se termine en Hollande, au nord des embouchures de l'Escaut, après avoir mêlé ses eaux aux flots bien plus abondants du Rhin. En France, elle traverse Verdun, Sedan et Mézières; en Belgique, Namur et Liége; en Hollande, Maëstricht et Rotterdam.

Elle ne touche pas le département du Nord; mais un de ses

tributaires les plus considérables, la Sambre, coule un instant dans l'arrondissement de Cambrai, puis coupe en deux celui d'Avesnes, du sud-ouest au nord-est.

La Sambre, sur 180 kilomètres de parcours, en a 126 en France. Ses premières fontaines jaillissent dans le département de l'Aisne, dans le bois de Cartignies, qui fait suite à la grande forêt de Nouvion et que portent des collines de 200 à 220 mètres. Arrivée dans le département du Nord, elle devient navigable à Landrecies, passe à Berlaimont et sous les remparts de Maubeuge, et sort de la France pour entrer en Belgique à Jeumont. En Belgique, elle baigne Charleroi et se perd dans la Meuse à Namur. Les principaux tributaires de la Sambre, dans le Nord, sont la Petite-Helpe, la Grande-Helpe, la Solre.

La *Petite-Helpe*, dont le cours est de 42 kilomètres, vient des bois d'Anor, qui touchent à la Belgique. Elle a son embouchure sur la rive droite de la Sambre, à 5 kilomètres au-dessous de Landrecies.

La *Grande-Helpe*, longue de 54 kilomètres, prend sa source en Belgique. Elle coule au nord de la forêt de Trélon, passe à Avesnes et débouche dans la Sambre, sur la rive droite, à 3 ou 4 kilomètres au-dessus de Berlaimont.

La *Solre* se forme sur la frontière belge. Ce n'est encore qu'un ruisseau insignifiant quand elle arrose Solre-le-Château. Elle gagne la Sambre par la rive droite, à Assevent (3 kilomètres en aval de Maubeuge).

L'**Yser**, affluent direct de la mer du Nord, naît dans la commune de Buysscheure, à une dizaine de kilomètres au nord-est de Saint-Omer. Son cours en France est de 32 kilomètres, son cours en Belgique de 50. Il a son embouchure au-dessous de Nieuport, entre Dunkerque et Ostende. Un de ses tributaires français, le *Peene Beck*, contourne au sud le pied de la colline de Cassel et passe à Wormhoudt.

L'**Aa**, français dans tout son cours, gagne aussi directement la mer du Nord; long de 80 kilomètres (dont 25 dans le Nord), il appartient surtout au département du Pas-de-Calais : il y a sa source au sein de collines de 200 mètres d'altitude, un peu au-dessus du village de Fauquembergues ; il y baigne Saint-Omer, où il devient navigable ; enfin sa rive gauche n'abandonne pas ce département, car, pendant les 24 kilomètres que l'Aa parcourt dans le Nord, il n'en dépend qu'à moitié ; il lui sert seulement de limite contre le Pas-de-Calais, depuis Saint-Momelin jusqu'à la mer. Au-dessous de Saint-Omer, l'Aa canalisé arrose un ancien marais qu'un échiquier de digues a transformé en une vallée toujours humide, mais très-fertile. C'est en aval de Gravelines que ce petit fleuve atteint l'Océan.

La *Colme*, branche de l'Aa, s'en sépare au-dessous de Watten et sous le nom de Haute-Colme va rejoindre à Bergues le canal de Dunkerque, puis, sous celui de Basse-Colme, forme le canal de Bergues à Furnes (Belgique), continué jusqu'à la mer par celui de Furnes à Nieuport.

La Seine, le fleuve de Paris et de Rouen, coule bien loin du Nord ; mais un de ses plus grands affluents, l'Oise, arrivant de Belgique, sépare pendant 3 kilomètres le territoire départemental de la grande forêt de Saint-Michel, qui dépend du département de l'Aisne. Dans cette portion de son cours, l'Oise, voisine de sa source, n'est encore qu'un ruisseau.

Hydrographie côtière. — Les côtes du département ont, de la Belgique au Pas-de-Calais, un développement d'environ 35 kilomètres. Le rivage, presque rectiligne et courant de l'est à l'ouest, n'a ni baies ni caps bien dessinés, mais seulement des grèves sablonneuses et des dunes au pied desquelles se brise une mer presque toujours orageuse. Dunkerque, port important, bien que peu favorisé par la nature, et d'une entrée difficile (en 1875, la ville a avancé à l'État une somme de 12,400,000 francs pour l'exécution de travaux considérables, en cours d'exécution), a précisément dû son nom (en flamand, *église des dunes*) aux dunes sur lesquelles elle est bâtie. A l'ouest de cette ville, on ne remarque sur la côte que la Pointe de Gravelines, voisine de

Quai de Dunkerque.

l'ancienne embouchure de l'Aa, et la nouvelle embouchure de ce petit fleuve, où se trouve le port de Gravelines.

Canaux. — Le département du Nord est le mieux doté en canaux de navigation ; ils forment un système à peu près complet de communications à bon marché, nécessaires dans une contrée dont les produits — houille, grains, pommes de terre, betteraves — sont de nature encombrante. Ils font, dans l'intérêt des transports à bas prix, une utile concurrence aux chemins de fer qui sillonnent en tous sens le département. Les principaux canaux sont : les canaux de la Haute et de la Basse-Colme et de Bourbourg, qui sont des dérivations de l'Aa ; ceux de Dunkerque à Furnes et de Bergues à Dunkerque ; le canal des Moëres, divisé en deux branches qui communiquent avec le canal de Bergues ; le canal de la Cunette, qui reçoit les eaux du canal des Moëres et débouche dans le chenal du port de Dunkerque ; le canal de Mardyck, qui n'est plus navigable, mais qui reçoit les canaux de Bourbourg et de Bergues à Dunkerque ; le canal de Saint-Omer-et-Neuffossé ; le canal de la Nieppe ou d'Hazebrouck à Merville, qui est une dérivation de la Lys ; les canaux d'Hazebrouck et de Préavin ; le canal d'Hazebrouck à Thiennes ou canal de la Bourre ; ceux de la Basse et de la Haute-Deule, entre Douai (sur la Scarpe), Lille et la Lys ; les canaux de la Bassée et d'Aire à la Bassée ; le canal de Roubaix, qui relie directement la Basse-Deule à l'Escaut ; ceux de Saint-Quentin, ou de l'Escaut à la Somme ; de la Sensée (faisant communiquer l'Escaut avec la Scarpe), de Mons à Condé et le canal de jonction de la Sambre à l'Oise. Il existe, en outre, dans le département, un nombre infini de canaux de dessèchement et de petites rivières canalisées.

IV. — Climat.

Malgré son nom, le département du Nord n'est pas exposé à de grands froids. Le voisinage de la mer, l'absence de montagnes y rendent l'hiver très-supportable, et, pendant la moitié de l'année, il y fait plus chaud que dans les vallées élevées et sur les plateaux de plusieurs départements du Centre, de l'Est et même du Midi. La mauvaise saison s'y fait sentir en pluies plus qu'en neige et en glace ; elle n'en est pas moins désagréable. Le printemps y est court, l'été tempéré et inconstant, l'automne généralement beau.

A Lille, la température moyenne de l'année est de 9°,7, c'est-à-dire qu'elle est inférieure d'environ un degré à celle de Paris. Le nombre des jours de pluie y est de 160 à 170, mais la quantité de pluie totale n'est pas très-considérable ; si toute l'eau tombée du ciel restait sur le sol, la hauteur de la couche, à la fin de l'année, ne dépasserait pas 572 millimètres : bien moins que la moyenne de la France (770 millimètres). Cela tient à la rareté des pluies violentes, à la fréquence des petites pluies fines. Dunkerque reçoit encore moins d'eau que Lille, 510 millimètres seulement ; mais, en inclinant au sud, on voit s'augmenter la hauteur de la couche annuelle, qui varie entre 600 et 800 millimètres, dans les arrondissements de Cambrai, de Valenciennes et d'Avesnes.

Dans l'arrondissement d'Avesnes, qui est beaucoup plus élevé que les six autres, les froids sont plus rigoureux, les chaleurs plus fortes, le climat moins tempéré, moins *séquanien*, plus *vosgien*. On a reconnu que sept climats règnent en France : le climat vosgien ou climat des Ardennes, le climat séquanien ou climat de Paris, le climat armoricain, le girondin, l'auvergnat ou limousin, le méditerranéen ou provençal, et le rhodanien. Le climat vosgien est plus dur que le séquanien, dont le caractère principal est l'absence de grands froids et de chaleurs extrêmes.

V. — Histoire.

Formé, en 1790, de la Flandre française, du Cambrésis, de la partie occidentale du Hainaut français et de plusieurs communes de l'Artois et du Vermandois, le département du Nord eut à la fois ou successivement pour habitants les Celtes, puis les Ménapiens, les Morins, les Atrébates et les Nerviens, qui, mélangés aux Gallo-Romains, aux Francs, aux Saxons, et plus tard pour une faible part aux Espagnols, ont donné naissance à cette race rude, patiente, industrieuse, qu'on appelle la race flamande.

Soumise, en 445, par Clodion, chef des Francs, cette contrée échut à Clovis, après la mort violente de Khararic, roi de Thérouanne, et de Ragnacaire, roi de Cambrai (507-511). Elle fit naturellement partie du royaume d'Austrasie, lors des partages des fils de Clovis (511) et des fils de Clotaire Ier (561).

Le comté de Flandre se constitue ensuite lentement sous la domination du forestier Lyderik, et des Baudouin, ses premiers comtes. Les Normands apparaissent et, en 881, saccagent Cambrai. En 953, une grande invasion hongroise traverse le pays, brûlant les églises et massacrant les habitants.

Le comte de Flandre, Arnoul le jeune, ayant refusé l'hommage au roi de France, par deux fois le pays est envahi, d'abord par Lothaire, fils de Louis d'Outremer, qui s'empare de Douai et y fait un butin considérable, puis par Hugues Capet ; aux malheurs de l'invasion viennent se joindre la famine, la peste, la guerre civile ; de sorte que la désolation de cette malheureuse contrée est à son comble (964-1036).

Quelques années de tranquillité et de paix, sous les règnes de Baudouin V de Lille, beau-père de Guillaume le Conquérant et tuteur du roi de France Philippe Ier (1060), de Baudouin VI de Mons, mirent un bien court intervalle aux luttes qui ne firent plus qu'ensanglanter le pays (1071). Une bataille eut lieu à Cassel entre Arnoul, fils de Baudouin VI, soutenu par le roi de France Philippe, contre son oncle et tuteur, Robert le Frison. Ce dernier fut victorieux ; il le fut encore, quelque temps après, à Broqueroie, au lieu qu'on nomme les *Mortes-Hagès* ou les *Bonniers sanglants*, tant le combat fut meurtrier. Robert ravagea tout le territoire entre Bouchain et Valenciennes ; et, pour faire oublier son usurpation et ses guerres, il fonda des monastères, bâtit des églises, et fit un voyage en Terre Sainte. Il s'allia avec l'empereur de Constantinople et mourut en 1093.

Grand'place, colonne et Bourse de Lille

L'ère des Croisades commence et, suivant l'élan religieux qui précipite vers l'Asie les peuples chrétiens, Robert II, compagnon de Godefroy de Bouillon, y prend une part très-active. Son fils et successeur, Baudouin, fait la guerre à Henri Ier, roi d'Angleterre, et, blessé à la tête au siége d'Eu, il meurt en 1119. Son héritier et cousin, Charles de Danemark, dit le Bon, qui rétablit partout l'ordre et la paix, refusa la couronne d'Occident et de Jérusalem, et mourut assassiné en 1127.

Guillaume Cliton, imposé par le roi de France Louis VI le Gros, Philippe et Thierry d'Alsace, dont le dernier équipe une flotte à Dunkerque et meurt au siége de Saint-Jean-d'Acre (1191), Baudouin de Hainaut, Baudouin IX, élevé au trône de Constantinople et tué à la bataille d'Andrinople en 1205, précèdent la grande Jeanne, fille de ce dernier, qui contribua puissamment à la prospérité et à la grandeur du comté. Dès cette époque, les villes flamandes étaient organisées en communes et affranchies. La ville de Lille, deux fois endommagée par les siéges, fut deux fois relevée par Jeanne. C'est sous son règne que se livra la grande bataille de Bouvines (1214), où Philippe Auguste défit complétement l'armée de l'empereur d'Allemagne allié aux Flamands.

Sous Marguerite, sœur de la comtesse Jeanne, et son fils, Guy de Dampierre, la guerre avec la France continue. De cette époque datent les batailles de Courtrai (1302), où Robert d'Artois fut vaincu, de Mons-en-Pévèle (1304); enfin le traité d'Athies, qui donne à la France les villes de Lille, de Douai et d'Orchies (1305), et la fameuse bataille de Cassel, gagnée en 1328 par Philippe de Valois.

Mais bientôt les villes acquises par la France en furent séparées, en même temps que le duché de Bourgogne, et, pendant plus de deux siècles, elles restèrent sous la domination des princes de cette maison. En 1668 seulement elles firent définitivement retour à la France, par le traité d'Aix-la-Chapelle (1668), après la campagne où Lille, assiégée par Louis XIV, fut forcée de capituler (1667).

D'autres villes avaient eu des chances diverses. Ainsi Dun-

Église et tour Saint-Éloi, à Dunkerque.

kerque, après avoir été prise, reprise maintes fois par les Français, les Flamands, les Espagnols; livrée à Cromwell, à la suite de la bataille des Dunes (1658), où il nous avait donné du renfort, puis rachetée par Louis XIV pour cinq millions de livres (1662), fut alors fortifiée et devint l'une des villes et l'un des ports les plus importants de la France.

Cambrai avait vu se former contre les Vénitiens la ligue qui porte son nom, entre le pape Jules II, l'empereur Maximilien, Louis XII et Ferdinand le Catholique (1508), et, en 1529, se signer la *paix des Dames*.

Landrecies.

La guerre de la succession d'Espagne ramena encore la lutte dans cette partie de la France. Dunkerque fut bombardée par les Anglais en 1694. Le traité d'Utrecht exigea l'ensablement de son chenal et la destruction de son bassin. Lille fut assiégée et prise après une défense héroïque, dirigée par le maréchal de Boufflers (1708); enfin le traité de Rastadt, en 1714, laissa à la France l'Artois, la Flandre wallonne et le Hainaut.

Avec la Révolution française et 1792, la guerre et l'invasion recommencent. Lille, bombardée pendant neuf jours et neuf nuits, Landrecies, Valenciennes, Condé, sont de nouveau assiégées à plusieurs reprises, enfin emportées et incorporées à la Belgique, à l'exception de Lille, qui put résister et dont les

Hôtel de ville de Cambrai.

canonniers s'illustrèrent. Mais ce succès des armées alliées dura peu, et, dans l'année 1793, les victoires d'Ypres et de Hondschoote, en faisant lever le siége de Dunkerque, nous rendirent les places que nous avions perdues.

En 1814 et 1815, jusqu'en novembre 1818, le département du Nord revit les armées étrangères. En 1871, les Prussiens y firent une courte apparition; mais ils furent repoussés dans leurs tentatives sur Cambrai, et le général Faidherbe sut les

Maubeuge.

maintenir à distance par son énergique attitude et par la bonne tenue de ses troupes.

Rappelons que c'est à Maubeuge que fut établi en 1831 le quartier général de l'armée du Nord, lors de la première expédition de Belgique, et que, en janvier 1833, Louis-Philippe y passa en revue les troupes qui avaient participé au siége de la citadelle d'Anvers.

VI. — Personnages célèbres.

Des personnages célèbres dans l'histoire — savants, artistes, écrivains — sont nés dans le département du Nord.

Baudouin IX, comte de Flandre, organisa la quatrième croisade (1202-1204) contre les infidèles. Devenu empereur de Constantinople, il fut vaincu et mis à mort par Joannice, roi des Bulgares (1206).

Henri VII, duc de Luxembourg (1282-1313), empereur

Statue de Jean Bart, à Dunkerque.

d'Allemagne, voulut rétablir l'autorité impériale en Italie, se fit couronner roi de Lombardie à Milan et mourut subitement en bataillant contre le roi de Naples.

Jeanne de Flandre, femme du comte de Montfort, disputa courageusement à Jeanne de Penthièvre la possession du duché de Bretagne : cette lutte est appelée *guerre des deux Jeannes*.

Les célèbres chroniqueurs Froissart (1333-1410), Monstrelet (1390-1453) et Comines (1445-1509) ont relaté dans un style clair, impartial et souvent naïf et enjoué, les événements de leur époque.

Jean de Bologne (1524-1608), sculpteur célèbre, passa sa vie en Italie, où sont encore presque tous ses chefs-d'œuvre.

Jeanne Maillotte défendit Lille contre une attaque des *Hurlus*, bande de pillards, et les repoussa d'un des faubourgs de cette ville.

Jean Bart (1651-1702), illustre marin, fit preuve, contre les Anglais surtout, d'une intrépidité qui l'a immortalisé. Dunkerque, sa ville natale, lui a élevé une statue.

Antoine Watteau, peintre (1684-1721), a produit un grand nombre de tableaux de genre, représentant des scènes champêtres et riantes.

La célèbre tragédienne Clairon (1723-1803) joua au Théâtre-Français, avec une rare perfection, le rôle de *Phèdre* dans la tragédie du grand poète Racine.

Madame d'Épinay (1725-1783), femme auteur, fut liée surtout avec Jean-Jacques Rousseau, auquel elle fit construire, dans la vallée de Montmorency, une habitation appelée l'*Ermitage* et qui existe encore.

Dumouriez (1739-1824), général de la République, gagna les batailles de Valmy et de Jemmapes. Mais, accusé par la Convention, à la suite de la défaite de Nerwinde, il passa honteusement à l'ennemi, sans pouvoir entraîner avec lui son armée restée fidèle. Il mourut en Angleterre, après avoir fait inutilement sous la Restauration des démarches pour être nommé maréchal de France.

Merlin dit de Douai (1754-1838), savant jurisconsulte et homme politique, après avoir été membre de l'Assemblée constituante et de la Convention, ministre de la justice sous le Directoire, devint sous le premier Empire conseiller, puis ministre d'État et membre de l'Institut.

Le maréchal Mortier (1768-1835), duc de Trévise, maréchal de France, né au Cateau-Cambrésis ; après avoir fait avec éclat toutes les campagnes de la République et de l'Empire, il fut mortellement atteint par la machine infernale de Fieschi, dirigée contre le roi Louis-Philippe, lors de la revue du 28 juillet 1835.

Mademoiselle Duchesnois (1777-1835) est célèbre comme tragédienne.

Madame Desbordes-Valmore (1785-1859), dont les poésies sont justement estimées.

Enfin citons : les sculpteurs Bra et Carpeaux ; M. Wallon, historien distingué ; M. de Saulcy, connu surtout comme antiquaire, tous deux membres de l'Institut ; M. Gustave Nadaud, musicien et chansonnier ; M. Louis Dépret, littérateur, lauréat de l'Académie française, et M. Alexandre Desrousseaux, le chansonnier lillois.

VII. — Population, langues, cultes, instruction publique.

La *population* du Nord s'élève, d'après le recensement de 1876, à 1,519,585 habitants. A ce point de vue, c'est le second département. Le chiffre des habitants, divisé par celui des hectares, donne environ 267 habitants par 100 hectares ou par kilomètre carré ; c'est ce qu'on nomme la *population spécifique*. La France entière ayant 69 à 70 habitants par kilomètre carré, il en résulte que le Nord renferme, à surface égale, 197 à 198 habitants de plus que l'ensemble de notre pays.

Depuis 1801, date du premier recensement officiel, le Nord a gagné 754,584 habitants.

Le département est habité par deux races d'habitants distinctes, l'une d'origine tudesque, l'autre française de mœurs et de tempérament. La première, qui occupe toute la portion du territoire située au nord de la Lys, parle encore flamand ; mais cet idiome recule chaque jour devant les progrès du français.

Presque tous les habitants du Nord sont catholiques. Sur les

1,447,764 habitants de 1872, on ne comptait que 7,962 protestants et 875 israélites.

Le nombre des *naissances* a été en 1875 de 50,368 (plus 2,450 mort-nés); celui des *décès*, de 35,787; celui des *mariages*, de 12,064.

La *vie moyenne* est de 36 ans 7 mois.

Les deux *lycées* de Lille et de Douai ont compté en 1876 1,170 élèves; les 16 *colléges communaux* (Armentières, Avesnes, Bailleul, Cambrai, Cassel, le Cateau, Condé, Dunkerque, Estaires, Hazebrouck, Landrecies, Maubeuge, le Quesnoy, Saint-Amand, Tourcoing et Valenciennes), 3,126; 25 *institutions secondaires libres*, 3,649; 2,902 *écoles primaires*, 217,232; 274 *salles d'asile*, 48,174.

Le recensement de 1872 a donné les résultats suivants :

Ne sachant ni lire ni écrire.	640,451
Sachant lire seulement.	84,236
Sachant lire et écrire.	715,837
Dont on n'a pu vérifier l'instruction.	7,240
Total de la population civile..	1,447,764

Sur 121 accusés de crimes, en 1873, on a compté :

Accusés ne sachant ni lire ni écrire.	38
— sachant lire ou écrire imparfaitement.	60
— sachant bien lire et bien écrire.	23

VIII. — Divisions administratives.

Le département du Nord forme le diocèse de Cambrai. — Lille est le chef-lieu du 1er corps d'armée et de la 1re division militaire. — Le Nord ressortit : à la cour d'appel de Douai, — à l'Académie de Douai, — à la 2e légion de gendarmerie (Arras), — à la 2e inspection des ponts et chaussées, — à la 7e conservation des forêts (Douai), — au 1er arrondissement maritime (Cherbourg; sous-arrondissement de Dunkerque), — à l'arrondissement minéralogique de Valenciennes (division du

Nord-Ouest), — à la 2ᵉ région agricole (Nord). — Il comprend : 7 arrondissements (Avesnes, Cambrai, Douai, Dunkerque, Hazebrouck, Lille et Valenciennes), 61 cantons, 662 communes.

Chef-lieu du département : LILLE.
Chefs-lieux d'arrondissement : AVESNES, CAMBRAI, DOUAI, DUNKERQUE, HAZEBROUCK, LILLE, VALENCIENNES.

Arrondissement d'Avesnes (10 cant.; 153 com.; 159,718 hect.; 182,567 h.).
Canton d'Avesnes-Nord (14 com.; 12.965 hect.; 12,059 h.) — Aubin (Saint-) — Avesnes-Nord — Beugnies — Dompierre — Dourlers — Felleries — Flaumont-et-Waudrechies — Floursies — Hilaire (Saint-) — Lieu (Bas-) — Ramousies — Semeries — Semousies — Taisnières-en-Thiérache.
Canton d'Avesnes-Sud (13 com.; 15,119 hect.; 15,421 h.) — Avesnelles — Avesnes-Sud — Beaurepaire — Boulogne — Cartignies — Étrœungt — Fayt (Grand-) — Fayt (Petit-) — Floyon — Lieu (Haut-) — Larouillies — Marbaix — Sains.
Canton de Bavai (18 com.; 12,725 hect.; 16,444 h.) — Amfroipret — Audignies — Bavai — Bellignies — Bermeries — Bettrechies — Feignies — Flamengrie (la) — Gussignies — Hon-Hergies — Houdain — Longueville (la) — Louvignies-Bavai — Mecquignies — Neuf-Mesnil — Obies — Taisnières-sur-Hon — Waast (Saint-).
Canton de Berlaimont (14 com.; 8,747 hect.; 10,558 h.) — Aulnoye — Aymeries — Bachant — Berlaimont — Boussières — Écuelin — Hargnies — Leval — Monceau-Saint-Waast — Noyelles — Pont-sur-Sambre — Remy-Chaussée (Saint-) — Sassegnies — Vieux-Mesnil.
Canton de Landrecies (10 com.; 11,467 hect.; 15,982 h.) — Bousies — Croix — Favril — Fontaine-au-Bois — Forest — Landrecies — Maroilles — Preux-au-Bois — Prisches — Robersart.
Canton de Maubeuge (28 com.; 20,829 hect.: 42,462 h.) — Assevent — Beaufort — Bersillies — Bettignies — Boussois — Cerfontaine — Colleret — Damousies — Éclaibes — Ellesmes — Ferrière-la-Grande — Ferrière-la-Petite — Gognies-Chaussée — Hautmont — Jeumont — Limont-Fontaine — Louvroil — Mairieux — Marpent — Maubeuge — Obrechies — Quiévelon — Recquignies — Remy-Mal-Bâti (Saint-) — Rousies — Vieux-Reng-et-la-Salmagne — Villers-Sire-Nicole — Wattignies.
Canton du Quesnoy-Est (15 com.; 18,023 hect.; 13,456 h.) — Baudignies — Englefontaine — Ghis-ignies — Hecq — Jolimetz — Locquignol — Louvignies-Quesnoy — Neuville — Poix — Potelle — Quesnoy-Est (le) — Raucourt — Ruesnes — Salesches — Vendegies-au-Bois.
Canton du Quesnoy-Ouest (14 com.; 7,985 hect.; 14,579 h.) — Bry — Eth — Frasnoy — Gommegnies — Jenlain — Maresches — Orsinval —

Preux-au-Sart — Quesnoy-Ouest (le) — Sepmeries — Villereau — Villers-Pol — Wargnies-le-Grand — Wargnies-le-Petit.

Canton de Solre-le-Château (16 com.; 13,490 hect.; 12,847 h.) — Aibes — Beaurieux — Berelles — Bousignies — Choisies — Clerfayts — Cousolre — Dimechaux — Dimont — Eccles — Fontaines (les) — Hestrud — Liessies — Sars-Poteries — Solre-le-Château — Solrinnes.

Canton de Trélon (13 com.; 18,370 hect.; 29,169 h.) — Anor — Baives — Eppe-Sauvage — Féron — Fourmies — Glageon — Moustiers — Ohain — Rainsars — Trélon — Wallers — Wignehies — Willies.

Arrondissement de Cambrai (7 cant.; 118 com.; 89,257 hect.; 200,316 h.).

Canton de Cambrai-Est (14 com.; 8,896 hect.; 22,005 h.) — Awoingt — Cagnoncles — Cambrai-Est — Cauroir — Escaudœuvres — Estrun — Eswars — Forenville — Iwuy — Naves — Niergnies — Ramillies — Thun-l'Evêque — Thun-Saint-Martin.

Canton de Cambrai-Ouest (18 com.; 7,901 hect.; 24,971 h.) — Abancourt — Aubencheul-au-Bac — Bantigny — Blécourt — Cambrai-Ouest — Cuvillers — Fontaine-Notre-Dame — Fressies — Haynecourt — Hem-Lenglet — Morenchies — Neuville-Saint-Remy — Paillencourt — Proville — Raillencourt — Sailly — Sancourt — Tilloy.

Canton de Carnières (16 com.; 10,149 hect.; 29,263 h.) — Aubert (Saint-) — Avesnes-lès-Aubert — Beauvois — Béthencourt — Bévillers — Boussières — Carnières — Cattenières — Estourmel — Fontaine-au-Pire — Hilaire (Saint-) — Quiévy — Rieux — Séranvillers — Villers-en-Cauchies — Wambaix.

Canton du Cateau (17 com.; 15,925 hect.; 32,219 h.) — Bazuel — Beaumont — Benin (Saint-) — Cateau (le) — Catillon — Groise (la) — Honnechy — Inchy — Maurois — Mazinghien — Montay — Neuvilly — Ors — Pommereuil — Reumont — Souplet (Saint-) — Troisvilles.

Canton de Clary (17 com.; 13,672 hect.; 33,771 h.) — Audencourt — Bertry — Busigny — Caudry — Caullery — Clary — Dehéries — Élincourt — Esnes — Haucourt — Ligny — Malincourt — Maretz — Montigny — Selvigny — Villers-Outréau — Walincourt.

Canton de Marcoing (20 com.; 19,942 hect.; 25,924 h.) — Anneux — Banteux — Bantouzelle — Boursies — Cantaing — Crèvecœur — Doignies — Flesquières — Gonnelieu — Gouzeaucourt — Honnecourt — Lesdain — Marcoing — Masnières — Mœuvres — Noyelles — Ribécourt — Rumilly — Villers-Guislain — Villers-Plouich.

Canton de Solesmes (17 com.; 12,772 hect.; 27,995 h.) — Beaurain — Bermerain — Briastre — Capelle — Escarmain — Haussy — Martin (Saint-) — Montrécourt — Python (Saint-) — Romeries — Saulzoir — Solesmes — Sommaing — Vendegies-sur-Écaillon — Vertain — Viesly — Vaast ou Waast (Saint-).

Arrondissement de Douai (6 cant.; 66 com.; 47,202 hect.; 123,619 h.);

Canton d'Arleux (15 com.; 8,573 hect.; 13,861 h.) — Arleux — Aubigny-au-Bac — Brunemont — Bugnicourt — Cantin — Écluse (l') — Erchin

— Estrées — Féchain — Fressin — Goeulzin — Hamel — Marcq — Monchecourt — Villers-au-Tertre.

Canton de Douai-Nord (6 com.; 5,956 hect.; 23,041 h.) — Anhiers — Douai-Nord — Flines-lès-Raches — Lallaing — Sin — Waziers.

Canton de Douai-Sud (12 com.; 5,787 h.; 21,299 h.) — Aniches — Auberchicourt — Dechy — Douai-Sud — Écaillon — Férin — Guesnain — Lewarde — Loffre — Masny — Montigny — Roucourt.

Canton de Douai-Ouest (11 com.; 6,345 hect.; 24,509 h.) — Auby — Courchelettes — Cuincy — Douai-Ouest — Esquerchin — Flers — Lambres — Lauwin-Planque — Raches — Raimbeaucourt — Roost-Warendin.

Canton de Marchiennes (15 com.; 10,279 hect.; 22,747 h.) — Alnes — Bouvignies — Bruille-lès-Marchiennes — Erre — Fenain — Hornaing — Marchiennes-Ville — Marchiennes-Campagne — Pecquencourt — Rieulay — Somain — Tilloy — Villers-Campeau — Vred — Wandignies-et-Hamage.

Canton d'Orchies (9 com.; 10,262 hect.; 17,462 h.) — Aix — Auchy — Beuvry — Coutiches — Faumont — Landas — Nomain — Orchies — Saméon.

Arrondissement de Dunkerque (7 cant.; 61 com.; 72,457 hect.; 121,844 h.).

Canton de Bergues (15 com.; 11,959 hect.; 15,344 h.) — Armbouts-Cappel — Bergues — Bierne — Bissezeele — Crochte — Eringhem — Hoymille — Pitgam — Quaëdypre — Socx — Steene — West-Cappel — Wylder.

Canton de Bourbourg (15 com.; 14,081 hect.; 14,115 h.) — Bourbourg-Ville — Bourbourg-Campagne — Brouckerque — Cappelle-Brouck — Dringham — Holque — Looberghe — Millam — Momelin (Saint-) — Pierre-Broucq (Saint-) — Spycker — Watten — Wulverdinghe.

Canton de Dunkerque-Est (8 com.; 6,715 hect.; 25,318 h.) — Coudekerque — Coudekerque-Branche — Dunkerque-Est — Leffrinckoucke — Rosendaël — Téteghem — Uxem — Zuydcoote.

Canton de Dunkerque-Ouest (6 com.; 4,715 hect.; 27,016 h.) — Cappel — Dunkerque-Ouest — Fort-Mardyck — Mardyck — Grande-Synthe — Petite-Synthe.

Canton de Gravelines (4 com.; 6,942 hect.; 10,961 h.) — Craywick — Georges (Saint-) — Gravelines — Loon.

Canton d'Hondschoote (8 com.; 15,485 hect.; 13,694 h.) — Bambecque — Ghyvelde — Hondschoote — Killem — Moëres (les) — Oost-Cappel — Rexpoëde — Warhem.

Canton de Wormhoudt (10 com.; 14,109 hect.; 15,396 h.) — Bollezeele — Broxeele — Esquelbecq — Herzeele — Ledeerzeele — Ledringhem — Merckeghem — Volkerinkhove — Wormhoudt — Zeggers-Cappel.

Arrondissement d'Hazebrouck (7 cant.; 55 com.; 69,317 hect.; 111,955 h.).

Canton de Bailleul Nord-Est (4 com.; 9,595 hect.; 17,750 h.) — Bailleul Nord-Est — Jans-Cappel (Saint-) — Nieppe — Steenwerck.

Canton de Bailleul Sud-Ouest (6 com.; 6,787 hect.; 14,419 h.) — Bailleul Sud-Ouest — Berthen — Flêtre — Merris — Méteren — Vieux-Berquin.

Canton de Cassel (13 com.; 11,758 hect.; 14,219 h.) — Arnêke — Bavinchove — Buysscheure — Cassel — Hardifort — Marie-Cappel (Sainte-) — Noordpeene — Ochtezeele — Oxelaëre — Rubrouck — Wemaers-Cappel — Zermezeele — Zuytpeene.

Canton d'Hazebrouck-Nord (10 com.; 12,530 hect.; 15,857 h.) — Blaringhem — Caëstre — Ebblinghem — Hazebrouck-Nord — Hondeghem — Lynde — Renescure — Sercus — Staple — Wallon-Cappel.

Canton d'Hazebrouck-Sud (8 com.; 8,385 hect.; 14,169 h.) — Boeseghem — Borre — Hazebrouck-Sud — Morbecque — Pradelles — Steenbecque — Strazeele — Thiennes.

Canton de Merville (5 com.; 8,272 hect.; 20,574 h.) — Estaires — Gorgue (la) — Haverskerque — Merville — Neuf-Berquin.

Canton de Steenvoorde (9 com.; 11,992 hect.; 14,787 h.) — Boëschêpe — Eecke — Godewaersvelde — Houtkerque — Oudezeele — Steenvoorde — Sylvestre-Cappel (Saint-) — Terdeghem — Winnezeele.

Arrondissement de Lille (17 cant.; 129 com.; 87,409 hect.; 591,134 h.).

Canton d'Armentières (8 com.; 6,277 hect.; 57,047 h.). — Armentières — Bois-Grenier — Capinghem — Chapelle-d'Armentières (la) — Erquinghem-Lys — Frelinghien — Houplines — Prémesques.

Canton de la Bassée (11 com.; 7,009 hect.; 16,408 h.) — Aubers — Bassée (la) — Fournes — Fromelles — Hantay — Herlies — Illies — Marquillies — Sainghin-en-Weppes — Salomé — Wicres.

Canton de Cysoing (14 com.; 9,617 hect.; 18,460 h.) — Bachy — Bourghelles — Bouvines — Camphin-en-Pévèle — Cappelle — Cobrieux — Cysoing — Genech — Louvil — Mouchin — Péronne — Sainghin-en-Mélantois — Templeuve — Wannehain.

Canton d'Haubourdin (16 com.; 8,750 hect.; 29,922 h.) — Beaucamps — Emmerin — Englos — Ennetières-en-Weppe — Erquinghem-le-Sec — Escobecques — Hallennes-lès-Haubourdin — Haubourdin — Ligny — Lomme — Loos — Maisnil (le) — Radinghem — Santes — Sequedin — Wavrin.

Canton de Lannoy (16 com.; 7,878 hect.; 29,508 h.) — Annappes — Anstaing — Ascq — Baisieux — Chéreng — Flers — Forest — Gruson — Hem — Lannoy — Leers — Lys-lès-Lannoy — Sailly — Toufflers — Tressin — Willems.

Canton de Lille-Centre (2 com.; 285 hect.; 24,561 h.) — Lille-Centre — Madeleine (la).

Canton de Lille-Nord-Est (3 com.; 1,572 hect.; 41,381 h.) — Hellemmes-Lille — Lille-Nord-Est — Mons-en-Barœul.

Canton de Lille-Ouest (5 com.; 2,967 hect.; 24,459 h.) — André-lès-Lille (Saint-) — Lambersart — Lille-Ouest — Marquette — Wambrechies.

Canton de Lille-Sud-Est (4 com.; 1,216 hect.; 22,807 h.). — Faches — Lezennes — Lille-Sud-Est — Ronchin.

Canton de Lille-Sud-Ouest (1 com.; 1,151 hect.; 80,712 h.).

Canton de Pont-à-Marcq (15 com; 11,645 hect.; 17,999 h) — Attiches — Avelin — Bersée — Ennevelin — Fretin — Mérignies — Moncheaux — Mons-en-Pévèle — Neuville (la) — Ostricourt — Phalempin — Pont-à-Marcq — Thumeries — Tourmignies — Wahagnies.

Canton de Quesnoy-sur-Deule (9 com.; 6,497 hect.; 21,005 h.) — Comines — Deulémont — Lompret — Pérenchies — Quesnoy-sur-Deule — Verlinghem — Warnéton-Bas — Warnéton-Sud — Wervicq-Sud.

Canton de Roubaix-Est (2 com.; 3,759 hect. pour les 2 cantons; 64,997 h.) — Roubaix-Est — Wattrelos.

Canton de Roubaix-Ouest (3 com.; 38,822 h.) — Croix — Roubaix-Ouest — Wasquehal.

Canton de Seclin (16 com.; 9,487 hect.; 25,180 h.) — Allennes-les-Marais — Annœullin — Bauvin — Camphin-en-Carembault — Carnin — Chemy — Gondecourt — Herrin — Houplin — Lesquin — Noyelles-lès-Seclin — Provin — Seclin — Templemars — Vendeville — Wattignies.

Canton de Tourcoing-Nord (6 com.; 6,222 hect.; 49,625 h.) — Bousbecque — Halluin — Linselles — Neuville-en-Ferrain — Roncq — Tourcoing-Nord.

Canton de Tourcoing-Sud (4 com.; 3,097 hect.; 44,572 h.) — Bondues — Marcq-en-Barœul — Mouveaux — Tourcoing-Sud.

Arrondissement de Valenciennes (7 cant.; 82 com.; 62,976 hect.; 192,518 h.).

Canton de Saint-Amand (rive droite) (7 com.; 5,860 hect.; 19,829 h.) — Amand (Saint-) (rive droite) — Bruille-Saint-Amand — Château-l'Abbaye — Flines-lès-Mortagne — Hasnon — Mortagne — Raismes.

Canton de Saint-Amand (rive gauche) (11 com.; 11,246 hect.; 14,694 h.) — Amand (Saint-) (rive gauche) — Bousignies — Brillon — Lecelles — Maulde — Millonfosse — Nivelle — Rosult — Rumegies — Sars-et-Rosières — Thun.

Canton de Bouchain (21 com.; 14,227 hect.; 47,521 h.) — Abscon — Avesnes-le-Sec — Bouchain — Denain — Douchy — Émerchicourt — Escaudain — Haspres — Haveluy — Hélesmes — Hordain — Lieu-Saint-Amand — Lourches — Marquette — Mastaing — Neuville-sur-l'Escaut — Noyelles-sur-Selle — Rœulx — Wasnes-au-Bac — Wavrechain-sous-Denain — Wavrechain-sous-Faulx.

Canton de Condé (10 com.; 8,346 hect.; 24,775 h.) — Aybert (Saint-) — Condé — Crespin — Escaupont — Fresnes — Hergnies — Odomez — Thivencelle — Vicq — Vieux-Condé.

Canton de Valenciennes-Est (11 com.; 8,002 hect.; 24,836 h.) — Curgies — Estreux — Marly — Onnaing — Préseau — Quarouble — Quiévrechain — Rombies-et-Marchipont — Saultain — Sebourg — Valenciennes-Est.

Canton de Valenciennes-Nord (9 com.; 6,735 hect.; 32,804 h.) — Anzin — Aubry — Bellaing — Beuvrages — Bruay — Petite-Forêt-de-Raismes — Saulve (Saint-) — Valenciennes-Nord — Wallers.

Canton de Valenciennes-Sud (16 com.; 8,560 hect.; 28,061 h.) — Artres — Aulnoye — Famars — Haulchin — Hérin — Maing — Monchaux — Oisy — Prouvy — Querenaing — Rouvignies — Sentinelle (la) — Thiant — Trith-Saint-Léger — Valenciennes-Sud — Verchain-Maugré.

IX. — Agriculture.

Sur les 568,087 hectares du département, on compte en nombres ronds :

Terres labourables.	365,000 hectares.
Bois.	49,000
Landes.	7,400
Prés.	95,000

Le reste se partage entre les farineux, les cultures potagères, maraîchères et industrielles, les étangs, les emplacements de villes, de bourgs, de villages, de fermes, les surfaces prises par les routes, les chemins de fer, les cimetières, etc.

En nombres ronds, on compte dans le département 100,000 chevaux (de belle race), ânes et mulets, 277,000 bœufs, 184,000 moutons, près de 89,000 porcs, plus de 33,000 chèvres, 75,000 chiens.

Le Nord est le premier département agricole de la France. La terre végétale, grasse et profonde, y donne les produits les plus variés. La culture des céréales, telles que le froment, le méteil, le seigle, l'orge, l'avoine, l'épeautre, le sarrasin, etc., y est considérable. Les graines oléagineuses, — colza, navette, etc., — transformées en huile dans le département, sont l'objet d'un commerce très-important. Les légumes secs se récoltent sur toute l'étendue du territoire. Les récoltes en grains et farineux se sont élevées en 1876 à 6,863,577 hectolitres; celle des pommes de terre en a donné 3,353,487. Le lin alimente les nombreuses fabriques de toile du pays. La betterave, cultivée surtout dans l'arrondissement de Douai, subit dans des usines spéciales diverses opérations qui nous donnent le sucre de betterave, analogue, sinon supérieur, au sucre de canne, fabriqué seulement dans les pays chauds. Le Nord est l'un des départements où la culture du tabac est autorisée. Une grande partie de la chicorée-café consommée en France vient du département du Nord. Le pays ne produit pas de vin et ne consomme guère que de la bière, confectionnée avec le houblon du territoire, qui se cultive principalement dans l'arrondissement d'Hazebrouck. Enfin de belles prairies naturelles ou artificielles servent à élever une belle espèce bovine, de race flamande.

Les *forêts* les plus vastes sont celles de Mormal (9,200 hectares), de Nieppe (2,500), de Saint-Amand (3,274), de Phalempin (900), du Bois-l'Évêque (900), de Fourmies (900), du Bois-l'Abbé (1,100), de Marchiennes (800), de Trélon (3,300) et de Wallers (800).

X. — Industrie ; mines.

Le Nord est le premier département industriel de la France. Près de 500 carrières de pierre, de marbre, de craie et de sable, ainsi que plusieurs mines de fer y sont en exploitation. Mais la principale richesse du pays consiste dans ses **mines de houille**, dont une grande partie appartient à la compagnie d'Anzin. Ces mines (20,680 ouvriers) ont produit en 1875, 55.566,961 quintaux métriques de

Rotonde des bains de boues de Saint-Amand.

combustible. — Les *mines de fer*, au nombre de six, sont situées dans l'arrondissement d'Avesnes. Celles d'Ohain et de Trélon, les seules exploitées en 1875, ont donné 108,000 quintaux de minerai. Pendant la même année, 15,000 quintaux de tourbe ont été extraits des *tourbières* du département.

Parmi les *sources minérales*, nous citerons celles *de Saint-Amand*, utilisées dans un établissement. Elles sont au nombre de quatre : la source Bouillon, la plus anciennement connue ; la source du Pavillon-Ruiné, la Petite-Fontaine et la source de l'Évêque-d'Arras. Les eaux de Saint-Amand sont sulfatées, calcaires et sulfureuses. Celles des fontaines du Pavillon-Ruiné et de l'Évêque-d'Arras marquent 24° centigrades. Elles sont limpides, incolores, d'une odeur hépatique prononcée, et déposent, dans les bassins qui les reçoivent, des conferves sous forme de filaments blancs gélatineux, sans odeur ni saveur. A l'une des extrémités du bâtiment principal se trouve un vaste bassin de *boues* sans cesse détrempées par une infinité de petites sources. Ces boues sont noires, répandent une forte odeur sulfureuse et marquent 25°. Il s'en échappe constamment des bulles de gaz hydro-sulfurique. Ces boues sont formées de trois couches de terre superposées : une tourbe argileuse au-dessus ; de l'argile ; puis, un composé de silice, de carbonate de chaux, d'oxyde de fer et d'alumine. C'est à travers cette dernière couche, d'une épaisseur de 2 mètres à 2 mètres 1/2, que sourdent, dans un espace de 729 mètres carrés, les petites sources d'eau sulfureuse qui délayent les deux couches supérieures et les mettent à l'état de boue. Les eaux s'échappent constamment des boues, au fur et à mesure qu'elles y arrivent, par de petits aqueducs en bois.

Le département du Nord compte aujourd'hui 2,847 usines à vapeur, renfermant ensemble 5,720 chaudières et 4,083 machines, qui représentent une force motrice totale de 67,573 chevaux. On y trouve une cinquantaine d'usines métallurgiques, parmi lesquelles il faut citer : les usines de la compagnie des forges et aciéries de Denain et Anzin (fonderies, forges, laminoirs, tréfileries), l'usine de Fives-lès-Lille, les usines Cail et Cie à Valenciennes ; les forges et fonderies de Dunkerque, la manufacture de limes et d'instruments aratoires de Douai, l'important établissement métallurgique de Raismes, etc. Ces usines ont fabriqué, en 1875, 1,525,456 quintaux métriques de fontes d'affinage, 360,011 quintaux de fontes de deuxième fusion, 1,010,212 quintaux de fers marchands, 339,864 quintaux de rails, 431,767 quintaux de fers spéciaux, 194,401 quintaux de tôles et 151,669 quintaux d'aciers Bessemer. De plus, il est sorti de l'usine à zinc d'Auby-lès-Douai 66,000 quintaux de zinc laminé.

L'arrondissement de Lille, le plus peuplé de la France, est aussi de beaucoup le plus considérable par son industrie ; on y trouve toutes les spécialités : construction mécanique (usine de Fives, de la compagnie Parent-Schaken), fonderies et chaudronneries de fer et de cuivre, filatures et tissages de lin, de coton, de laine, fabriques de savon, de beurre artificiel, etc. Lille est le centre d'un commerce considérable des produits agricoles de toute la région du Nord ; les bourses et les marchés qui s'y tiennent le mercredi attirent une foule considérable de commerçants français et belges.

La filature est plus active dans le département du Nord que partout ailleurs en France. A Lille et dans sa banlieue seulement, on compte 206,000 broches (80 fabriques, 12.000 ouvriers ou ouvrières) pour la filature du lin et des étoupes, et 413,000 broches à filer le coton (7,000 à 8,000 travailleurs). Au Cateau-Cambrésis, l'importante filature de MM. Seydoux, Paturle et Cie emploie 1,500 ouvriers. Roubaix compte 70 filatures de laine, 12 de coton et d'autres de soie; Tourcoing, 65 filatures en tous genres (40.000 broches). Depuis quelques années, à la filature de lin est venue s'ajouter la **filature de jute**, matière textile que l'on tire de l'Inde et qui alimente aujourd'hui dans le département du Nord, et surtout à Dunkerque, plus de 21,000 broches.

La fabrication des **tissus** en tous genres est considérable, surtout à Roubaix (300 fabriques), qui, depuis 10 ans, a créé l'industrie des draps de laine peignée, qui constituent un tissu de fantaisie élégant et dont le succès a été immédiat; à Tourcoing (50 à 55 fabriques de tapis moquettes, étoffes pour ameublement, etc.), à Lille, Halluin, etc. La confection des *toiles de lin* est le privilége d'Armentières, qui en retire 130 millions par an, et de Lille, où 117 maisons font fabriquer la toile ordinaire, les rubans, les coutils, le linge damassé, et 25 maisons, les toiles à matelas et d'emballage.

Cambrai et Valenciennes ont la spécialité des *linons, batistes, toiles fines, tulles* et **dentelles** et de tous les tissus fins de lin. La *filtrie*, ou fabrication des fils pour couture, occupe à Lille 4,000 à 5,000 ouvriers dans une quarantaine de fabriques.

Presque tous les autres genres d'industrie sont représentés dans le département; la seule énumération en serait fastidieuse. On y compte surtout de très-nombreuses sucreries et distilleries, près de 1,000 brasseries, des huileries, des teintureries, des savonneries, des chantiers de construction, des teintureries, des verreries, etc.

Les industriels ont créé, en 1872, une association dite *Société industrielle du Nord de la France*, analogue à celle de Mulhouse et qui a le même succès. Le comité linier, le comité cotonnier, le comité des houillères, représentent les industries du lin, du coton et de la houille.

XI. — Commerce, chemins de fer, routes.

Le département exporte, outre les produits variés de ses nombreux établissements industriels : des céréales, des fruits, des tourteaux, des œufs, des légumes et du beurre pour l'Angleterre; des bois de construction, des lins teillés du pays et de la Belgique, des huiles et graines de colza, etc.

Il importe du sel, du vin, des fruits; des plombs de l'Espagne et du Portugal, des soufres de la Sicile, des bois de mâture et de construction de la Suède et de la Norvége; du jute en quantité considérable pour l'alimentation des 21,500 broches employées à filer cette matière textile; du lin, du suif et de la potasse de la Russie, etc., et de la houille. En 1874, le Nord a consommé 41,481,329 quintaux métriques de houille, dont la moitié environ provenait du Pas-de-Calais, de Belgique et d'Angleterre. Le mouvement du port de Dunkerque en 1875 a été, à l'entrée et à la sortie, de 5,864 navires jaugeant ensemble 1,311,642 tonneaux; celui de Gravelines, de 675 jaugeant 57,821 tonnes. Le nombre des navires affectés à la pêche de la morue en Islande a été à Dunkerque de 108 (10,252 tonnes), montés par 1,792 marins, et à Gravelines de 8, avec 136 hommes d'équipage. La pêche côtière comprenait à Dunkerque 77 bâtiments de 416 hommes, et à Gravelines 80 navires de 560.

Le département du Nord est le département où les chemins de fer sont le plus nombreux. On en compte 26, d'un développement total de 717 kilomètres.

1° Le chemin de fer *de Paris à Dunkerque* entre dans le département du Nord près de Thiennes. Il dessert Thiennes, Steenbecque, Hazebrouck, Cassel, Arnêque, Esquelbecq, Bergues et Dunkerque. Son parcours dans le département est de 52 kilomètres.

2° Le chemin de fer *de Lille à Béthune et à Bully-Grenay* passe aux stations de Loos, Haubourdin, Santes, Wavrin, Don, Marquillies, et à celle de la Bassée, au delà de laquelle il entre dans le département du Pas-de-Calais, après un développement de 21 kilomètres.

3° Le chemin de fer *de Lille à Valenciennes*, long de 46 kilomètres, dessert Lesquin, Fretin, Templeuve, Nomain, Orchies, Landas, Rosult, Saint-Amand, Raismes, Beuvrages et Valenciennes.

4° La ligne *de Paris à Bruxelles par Douai et Valenciennes* quitte le département du Pas-de-Calais pour pénétrer dans celui du Nord à 4 kilomètres environ au delà de la station de Vitry (Pas-de-Calais). Elle a pour stations Douai, Montigny, Somain, Wallers, Raismes, Valenciennes, Onnaing et Blanc-Misseron. Elle entre en Belgique à 1 kilomètre environ de cette dernière station, après un parcours de 51 kilomètres.

5° Le chemin de fer *de Lille à Calais* sort du Nord à 6 kilomètres au delà d'Ebblinghem, après un parcours de 61 kilomètres, pendant lesquels il dessert la Madeleine, Pérenchies, Armentières, Steenwerck, Bailleul, Strazeele, Hazebrouck et Ebblinghem.

6° Le chemin de fer *de Douai à Mouscron* (Belgique) *par Lille* relie entre elles les stations de Douai, Pont-de-la-Deule, le Forest, Carvin, Phalempin, Seclin, Fives, Lille, Croix-Wasquehall, Roubaix et Tourcoing. La voie pénètre en Belgique à 2 kilomètres de cette dernière ville, après un parcours de 45 kilomètres.

7° L'embranchement *de Lille à Tournai* n'a en France que deux stations, Ascq et Baisieux. 2 kilomètres plus loin il entre en Belgique, après 14 kilomètres de parcours.

8° Le chemin de fer *de Lens à Lille* se raccorde avec la ligne de Douai à Lille, presque immédiatement après son entrée dans le département (*V.* ci-dessus, 6°).

9° La ligne *de Tergnier à Erquelines* entre dans le Nord près de Busigny, dessert Busigny, le Cateau, Landrecies, Aulnoye, Hautmont, Maubeuge et Jeumont. 2 kilomètres plus loin, elle passe en Belgique, après un parcours de 60 kilomètres.

10° Le chemin de fer *de Somain à Busigny*, long de 51 kilomètres, passe à Lourches, Bouchain, Iwuy, Cambrai, Cattenières, Caudry, Bertry et Busigny.

11° Le chemin de fer industriel *de Somain à Péruwelz* (34 kilomètres) dessert Abscon, Escaudain, Demain, Hérin, Saint-Vaast, Anzin, Bruai, Fresnes, Condé et Vieux-Condé, au delà duquel il entre en Belgique.

12° La ligne *de Maubeuge à Mons* entre en Belgique à 5 kilomètres de Feignies, son unique station en France (8 kilomètres de longueur).

13° Le chemin de fer *d'Aulnoye à Hirson* a pour stations Dompierre, Avesnes, Sains, Fourmies et Anor. Il entre dans le département de l'Aisne à 2 kilomètres d'Anor. Sa longueur dans le Nord est de 55 kilomètres.

14° Le chemin de fer *d'Anor à Chimay*, qui n'a pas de station dans le département du Nord, atteint la frontière belge à environ 5 kilomètres d'Anor.

15° Le chemin de fer *d'Hazebrouck à Poperinghe* dessert Caëstre, Godewaërsvelde et (16 kilomètres) l'Abeele, station douanière située sur la frontière belge.

16° La ligne *de Dunkerque à Furnes* passe en Belgique à 14 kilomètres de Dunkerque, au delà des stations du Roosendael et de Ghyvelde.

17° Le chemin de fer *de Valenciennes à Aulnoye* (35 kilomètres) passe à Artres et au Quesnoy.

18° Le chemin de fer *de Calais à Dunkerque* entre dans le Nord en deçà de la gare de Gravelines. Sur son parcours dans le département (25 kilomètres), il dessert Gravelines, Bourbourg, Loon, Petite-Synthe et Dunkerque.

19° Le chemin de fer *de Watten à Gravelines* dessert Saint-Pierre-Brouck et se raccorde à Bourbourg avec la ligne de Calais à Dunkerque, après un parcours de 13 kilomètres.

20° Le chemin de fer *de Cambrai au Quesnoy* (37 kilomètres) dessert Rieux, Saint-Aubert, Solesmes, Salesches et le Quesnoy.

21° Le chemin de fer *de Lille à Comines* (21 kilomètres) passe à la Madeleine, Wambrechies, Quesnoy-sur-Deule et Comines.

22° La ligne *d'Orchies à Somain* (13 kilomètres) a pour stations intermédiaires Beuvry, Marchiennes et Fenain. Cette ligne sera prolongée, du côté d'Orchies, jusqu'à Menin, par Cysoing, Roubaix, Tourcoing et Halluin.

23° Le chemin de fer *de Saint-Amand à Blanc-Misseron* (23 kilomètres) dessert la Fontaine-Bouillon, Odomez, Fresnes, Vicq et Blanc-Misseron.

24° Le chemin de fer *d'Armentières à Aire-Berguette* longe la limite du département du Pas-de-Calais, où il entre et dont il sort plusieurs fois, avant d'y pénétrer définitivement au delà de la gare de Merville, la seule avec celle de la Gorgue-Estaire, située dans le Nord, où son parcours est de 14 kilomètres.

25° Le chemin de fer *d'Armentières à Comines* dessert Houplines, puis entre en Belgique en franchissant la Lys. Parcours, 2 kilomètres.

26° Le chemin de fer *de Cambrai à Chaulnes* dessert Marcoing et Gouzeaucourt, avant d'entrer dans le département de la Somme. Parcours, 21 kilomètres.

Un certain nombre d'autres chemins de fer ont été concédés ou sont en construction. Le département a construit depuis 1867, sans subvention ni garantie, 500 kilomètres de chemins de fer.

26 chemins de fer.		717 kil.	
15 routes nationales.		592	
26 routes départementales.		513 1/2	
4,604 chemins vicinaux. . . .	77 de grande communication.	907 1/2	7,800 1/2
	129 de moyenne communication.	785 1/2	
	4,400 de petite communication.	6,107 1/2	
8 rivières navigables.			524 1/2
20 canaux.			

XII. — Dictionnaire des communes[1].

Abancourt, 610 h., c. (Ouest) de Cambrai.
Abscon, 2,745 h., c. de Bouchain.
Aibes, 335 h., c. de Solre-le-Château.
Aix, 955 h., c. d'Orchies.
Allennes-les-Marais, 1,017 h., c. de Seclin.
Alnes, 659 h., c. de Marchiennes.
Amand-les-Eaux (Saint-), 10,716 h., ville de bains d'eau minérale (quatre sources; vaste établissement), ch.-l. de deux c. de l'arrond. de Valenciennes, sur la Scarpe. ⟹ Façade et tour (mon. hist.) terminée en dôme (80 mèt. de hauteur) d'une église abbatiale du xviie s.; architecture riche, imposante, mais de mauvais goût. De l'abbaye, il reste un pavillon (xviie s.) occupé par la mairie. — Dans l'église paroissiale (1785), *Sainte Famille*, de l'école de Rubens.
Amfroipret, 274 h., c. de Bavai.
André (Saint-), 1,816 h., c. (Ouest) de Lille.
Anhiers, 451 h., c. (Nord) de Douai.
Aniche, 5,424 h., c. (Sud) de Douai.
Annappes, 2,357 h., c. de Lannoy.
Anneux, 533 h., c. de Marcoing.
Annœullin, 4,148 h., c. de Seclin. ⟹ Église de 1571.
Anor, 4,500 h., c. de Trélon.
Anstaing, 627 h., c. de Lannoy.
Anzin, 9,009 h., joli bourg du c. (Nord) de Valenciennes (V. ci-dessus, *Industrie*).
Arleux, 1,688 h., ch.-l. de c. de l'arrond. de Douai.
Armbouts-Cappel, 1,100 h., c. de Bergues.
Armentières, 21,716 h., ville industrielle, ch.-l. de c. de l'arrond. de Lille.

⟹ Deux belles églises modernes. — Beffroi du xviie s.
Arnêke, 1,494 h., c. de Cassel.
Artres, 1,019 h., c. (Sud) de Valenciennes.
Ascq, 2,336 h., c. de Lannoy.
Assevent, 168 h., c. de Maubeuge.
Attiches, 867 h., c. de Pont-à-Marcq.
Aubencheul-au-Bac, 476 h., c. (Ouest) de Cambrai.
Auberchicourt, 2,255 h., c. (Sud) de Douai.
Aubers, 1,945 h., c. de la Bassée.
Aubert (Saint-), 2,505 h., c. de Carnières.
Aubigny-au-Bac, 977 h., c. d'Arleux.
Aubin (Saint-), 478 h., c. (Nord) d'Avesnes. ⟹ A la ferme de la Cense-du-Temple, tour et chapelle (xiie s.), convertie en grange, d'une maison de Templiers. — Église en partie du xve s.
Aubry, 1,110 h., c. (Nord) de Valenciennes. ⟹ Curieuse église de 1518; tribune seigneuriale et belle pierre tombale.
Auby, 2,049 h., c. (Ouest) de Douai.
Auchy, 1,564 h., c. d'Orchies.
Audencourt, 312 h., c. de Clary. ⟹ Église du xve et du xvie s.
Audignies, 194 h., c. de Bavai. ⟹ Grosse tour du xve s.
Aulnoy, 1,994 h., c. (Sud) de Valenciennes.
Aulnoye, 818 h., c. de Berlaimont.
Avelin, 1,613 h., c. de Pont-à-Marcq.
Avesnelles, 1,894 h., c. (Sud) d'Avesnes. ⟹ Camp romain.
Avesnes-le-Sec, 1,734 h., c. de Bouchain. ⟹ Tour de l'église avec pyramide en pierre du xve s., haute de 75 mèt.

---

1. h. signifie habitants; c., canton; s., siècle; V., voir; kil., kilomètre; m. h. ou mon. hist., monument historique (on appelle *monuments historiques* les édifices reconnus officiellement comme présentant de l'intérêt au point de vue de l'histoire de l'art, et susceptibles, pour cette raison, d'être subventionnés par l'État).

Avesnes-lès-Aubert, 3,972 h., c. de Carnières. ⟶ Clocher de 1543. — Cimetière clos de murs crénelés et flanqués de tourelles (xv° s.).

Avesnes-sur-Helpe, 4,636 h., ch.-l. d'arr. et de 2 c., sur l'Helpe-Majeure. ⟶ Église du xvi° s., avec tour crénelée haute de 60 mèt. (7 tableaux de L. Watteau; carillon, l'un des plus beaux que l'on connaisse).

Awoingt, 516 h., c. (Est) de Cambrai.

Aybert (Saint-), 347 h., c. de Condé.

Aymeries, 245 h., c. de Berlaimont.

Bachant, 935 h., c. de Berlaimont. ⟶ Dans l'église, pierre tombale de 1594, portant en relief 5 personnages.

Bachy, 1,012 h., c. de Cysoing.

Bailleul, 12,968 h., ch.-l. de 2 c. de l'arrond. d'Hazebrouck. ⟶ Église de Saint-Wast, du xii° s. et surtout du xvi°. — Hôtel de ville et beffroi du xvi° s. — Musée De Puydt (antiquités, tableaux, meubles des xvii° et xviii° s.).

Baisieux, 2,009 h., c. de Lannoy.

Baives, 253 h., c. de Trélon.

Bambecque, 985 h., c. d'Hondschoote.

Banteux, 1,047 h., c. de Marcoing.

Bantigny, 512 h., c. (Ouest) de Cambrai.

Bantouzelle, 1,054 h., c. de Marcoing.

Bas-Lieu, 456 h., c. (Nord) d'Avesnes.

Bassée (La), 3,415 h., ch.-l. de c. de l'arrond. de Lille.

Baudignies, 1,172 h., c. (Est) du Quesnoy.

Bauvin, 1,907 h., c. de Seclin.

Bavai, 1,851 h., ch.-l. de c. de l'arrond. d'Avesnes. ⟶ Colonne (1816) remplaçant une colonne romaine, nombreuses inscriptions, marbres, restes de palais, de bains, d'aqueducs, d'un temple (mon. hist.), etc. — Vieux beffroi.

Bavinchove, 864 h., c. de Cassel.

Bazuel, 1,153 h., c. du Cateau.

Beaucamps, 1,121 h., c. d'Haubourdin.

Beaufort, 1,172 h., c. de Maubeuge.

⟶ Église restaurée en 1500 et vers 1700; vitrail de 1440.

Beaumont, 908 h., c. du Cateau.

Beaurain, 382 h., c. de Solesmes.

Beaurepaire, 456 h., c. (Sud) d'Avesnes.

Beaurieux, 256 h., c. de Solre-le-Château. ⟶ Église du xv° s. — Château de 1671.

Beauvois, 2,309 h., c. de Carnières. ⟶ Dans l'église, magnifique retable du xv° ou du xvi° s.

Bellaing, 362 h., c. (Nord) de Valenciennes.

Bellignies, 890 h., c. de Bavai. ⟶ Tour de Bel, haute de 20 à 25 mèt. — Dolmen dans le jardin du château.

Benin (Saint-), 740 h., c. du Cateau.

Berelles, 184 h., c. de Solre-le-Château.

Bergues, 5,368 h., ch.-l. de c. de l'arrond. de Dunkerque, à la jonction du canal de la Colme et de deux autres canaux. ⟶ Forts construits d'après les plans de Vauban. — Hôtel de ville reconstruit dans le style du xvi° au xvii° s., et renfermant un petit musée. — Dans la belle église Saint-Martin (xvi° s.), châsse remarquable de saint Winoc, tableaux de Robert Van Oucke, J. de Reyn et de Janssens; curieuse collection de quatorze tableaux sur cuivre (xvii° s.). — Magnifique beffroi du xvi° s. (mon. hist.), haut de 80 mètres. — Deux tours (reconstruites), restes de l'abbaye de Saint-Winoc.

Berlaimont, 2,681 h., ch.-l. de c. de l'arr. d'Avesnes.

Bermerain, 1,206 h., c. de Solesmes. ⟶ Cimetière fortifié.

Bermeries, 391 h., c. de Bavai.

Bersée, 1,834 h., c. de Pont-à-Marcq.

Bersillies, 185 h., c. de Maubeuge. ⟶ Église de 1554; cloche de 1549.

Berthen, 607 h., c. (Sud-Ouest) de Bailleul.

Bertry, 3,182 h., c. de Clary.

Béthencourt, 1,545 h., c. de Carnières.

Bettignies, 198 h., c. de Maubeuge.

Bettrechies, 340 h., c. de Bavai.

Beugnies, 629 h., c. (Nord) d'Aves-

Façade de l'ancienne église abbatiale de Saint-Amand-les-Eaux.

nes. ⟶ Église en partie romane; vieille chaire.

Beuvrages, 1,448 h., c. (Nord) de Valenciennes. ⟶ Château du xv° s.

Beuvry, 1,879 h., c. d'Orchies.

Bévillers, 1,163 h., c. de Carnières.

Bierne, 480 h., c. de Bergues.

Bissezeele, 569 h., c. de Bergues.

Blaringhem, 1,959 h., c. (Nord) d'Hazebrouck. ⟶ Église du xvi° s.

Blécourt, 407 h., c. (Ouest) de Cambrai. ⟶ Église du xvi° s.

Boeschèpe, 2,241 h., c. de Steenvoorde. ⟶ Église de diverses époques ; cloche de 1525.

Boeseghem, 1,039 h., c. (Sud) d'Hazebrouck. ⟶ Église de 1534.

Bois-Grenier, 1,291 h., c. d'Armentières.

Bollezeele, 1,815 h., c. de Wormhoudt. ⟶ Église de 1606 ; croix ciselée du xvi° s

Bondues, 3,289 h., c. (Sud) de Tourcoing.

Borre, 757 h., c. (Sud) d'Hazebrouck.

Bouchain, 1,685 h., ch.-l. de c. de l'arrond. de Valenciennes. ⟶ Église ogivale ; tableaux anciens ; beau carillon.

Boulogne, 455 h., c. (Sud) d'Avesnes.

Bourbourg-Campagne, 2,495 h., c. de Bourbourg-Ville.

Bourbourg-Ville, 2,477 h., ch.-l. de c. de l'arrond. de Dunkerque. ⟶ Dans l'église, du xiii°, du xvi° et du xvii° s., tableaux de l'école flamande.

Bourghelles, 1,295 h., c. de Cysoing.

Boursies, 808 h., c. de Marcoing.

Bousbecques, 2,147 h., c. (Nord) de Tourcoing. ⟶ Église ogivale remarquable (magnifique reliquaire).

Bousies, 2,660 h., c. de Landrecies.

Bousignies, 800 h., c. de Soire-le-Château.

Bousignies, 508 h., c. (Rive Gauche) de Saint-Amand-les-Eaux.

Boussières, 1,078 h., c. de Carnières.

Boussières-lès-Hautmont, 533 h., c. de Berlaimont. ⟶ Aqueduc romain qui conduisait à Bavai l'eau de la fontaine de Floursies.

Boussois, 537 h., c. de Maubeuge.

Bouvignies, 1,651 h., c. de Marchiennes. ⟶ Dans l'église Saint-Maurice, belle *Descente de Croix* attribuée à Van Dyck. — Hôtel de ville du xv° s.

Bouvines, 601 h., c. de Cysoing. ⟶ Obélisque commémoratif (6 mèt. 50 cent. de hauteur) de la victoire de Philippe-Auguste en 1214.

Briastre, 980 h., c. de Solesmes.

Brillon, 685 h., c. (Rive Gauche) de Saint-Amand.

Brouckerque, 984 h., c. de Bourbourg.

Broxeele, 373 h., c. de Wormhoudt.

Bruay, 4,592 h., c. (Nord) de Valenciennes.

Bruille-lès-Marchiennes, 1,058 h., c. de Marchiennes.

Bruille-Saint-Amand, 1,806 h., c. (Rive Droite) de Saint-Amand.

Brunémont, 477 h., c. d'Arleux.

Bry, 338 h., c. (Ouest) du Quesnoy.

Bugnicourt, 785 h., c. d'Arleux.

Busigny, 5,221 h., c. de Clary.

Buysscheure, 794 h., c. de Cassel.

Caëstre, 1,572 h., c. (Nord) d'Hazebrouck. ⟶ Chapelle du xv° s., avec tableaux anciens.

Cagnoncles, 862 h., c. (Est) de Cambrai. ⟶ Église de 1579; calvaire remarquable.

Cambrai, 22,079 h., ch.-l. d'arrond. et de 2 c., sur les trois bras de l'Escaut, à l'origine du canal de Saint-Quentin. ⟶ *Fortifications* flanquées de tours et défendues par une citadelle (xvi° s.), de laquelle fait partie le *château de Selles*, et percées de cinq portes. — A 1 kil. de la porte de Valenciennes (xvii° s.), deux petits *menhirs*, dits les pierres Jumelles. — *Cathédrale*, reconstruite de 1866 à 1870, dans le style du xviii° s.; tableaux sur bois de cèdre; monument érigé à Fénelon : la statue est de David (d'Angers). — *Église Saint-Géry* (xviii° s.), renfermant un riche jubé en marbre blanc de la Renaissance. — *Église du Saint-Sépulcre* (xviii° s.), servant de chapelle au grand séminaire. — Deux belles *églises* romanes, modernes. — *Hôtel de ville* de 1634, restauré en 1861; façade de 1786; au devant du campanile, jacquemarts de l'ancien bef-

Beffroi de Bergues.

froi. — *Beffroi Saint-Martin* (xv° et xvIII° s.), haut de 61 mèt. — Dans la *bibliothèque publique* (40,000 vol.), manuscrits du vII°, du vIII° ou du Ix°, du x°, du xIII°, du xIv° et du xv° s.; exemplaire des *Chroniques de Saint-Denis*, annoté par Froissart. — Belles arcades du xvI° s., restes de *l'ancien archevêché*. — *Musée* de tableaux et d'antiquités.

Camphin-en-Carembault, 928 h., c. de Seclin.

Camphin-en-Pévèle, 1,381 h., c. de Cysoing.

Cantaing, 672 h., c. de Marcoing.

⟶ Église en partie du xI°, du xII° et du xvI° s.

Cantin, 1,016 h., c. d'Arleux. ⟶ Église Saint-Martin; curieuses pierres tombales. — Pilori de 1749. — Château du xvIII° s.

Capelle, 368 h., c. de Solesmes.

Capinghem, 298 h., c. d'Armentières.

Cappel, 457 h., c. (Ouest) de Dunkerque.

Cappelle, 1,508 h., c. de Cysoing.

Cappelle-Brouck, 1,226 h., c. de Bourbourg. ⟶ Église du xII° et du xv° s.

Porte de l'ancien évêché de Cambrai.

Carnières, 1,980 h., ch.-l. de c. de l'arrond. de Cambrai, sur une colline. ⟶ Église du xvI° s., avec remarquable façade du xIII° s.

Carnin, 444 h., c. de Seclin.

Cartignies, 1,655 h., c. (Sud) d'Avesnes.

Cassel, 4,291 h., ch.-l. de c. de l'arrond. d'Hazebrouck, sur la montagne de Cassel, d'où l'on jouit d'une vue magnifique sur presque toute la Flandre. ⟶ Monument commémoratif des trois batailles de Cassel, gagnées, la première en 1071, par Robert le Frison sur Philippe I°r; la deuxième en 1328, par Philippe de Valois sur les Flamands, et la troisième en 1677, par le duc d'Orléans sur le prince d'Orange. — Ancien hôtel de ville, élégant édifice de 1634, renfermant un petit musée d'antiquités et d'histoire naturelle. — Hôtel de la Noble-Cour de Cassel (mon. hist. du xvI° s.), servant de mairie. — Jolie façade de l'ancien hôtel des ducs d'Halluin (style Louis XVI). — Maison du général Vandammé. — Restes de fortifications romaines sur la colline.

Cateau (Le), 9,597 h., ch.-l. de c. de l'arrond. de Cambrai, sur la Selle. ⟶ Hôtel de ville de la Renaissance (beffroi de 1703). — Belle église du xvIII° s. — Statue, en bronze, du général Mortier, par Bra (1838).

Catillon, 2,604 h., c. du Cateau.

DICTIONNAIRE DES COMMUNES.

Cattenières, 1,319 h., c. de Carnières.
Caudry, 4,752 h., c. de Clary.
Caullery, 950 h., c. de Clary.
Cauroir, 712 h., c. (Est) de Cambrai. ⟶ Église du xvii° s.
Cerfontaine, 434 h., c. de Maubeuge.

Chapelle-d'Armentières, 3,465 h., c. d'Armentières.
Château-l'Abbaye, 802 h., c. (Rive Droite) de Saint-Amand.
Chemy, 575 h., c. de Seclin.
Chéreng, 1,461 h., c. de Lannoy. ⟶ Dans l'église, baptistère du xi° ou du xii° s.; magnifique boiserie du xvi° s.;

Porte Notre-Dame, à Cambrai.

cloche sur laquelle est représentée la danse des morts.
Choisies, 88 h., c. de Solre-le-Château.
Clary, 2,725 h., ch.-l. de c. de l'arrond. de Cambrai.
Clerfayts, 542 h., c. de Solre-le-Château.
Cobrieux, 434 h., c. de Cysoing.
Colleret, 1,106 h., c. de Maubeuge.

⟶ Église de 1500. — Chapelle d'Ostergnies, de la même époque. — Maison du xvi° s.
Comines, 6,409 h., c. de Quesnoy-sur-Deule. ⟶ Beffroi (mon. hist.) du xvi° s. — Restes du château.
Condé-sur-l'Escaut, 4,546 h., ch.-l. de c. de l'arrond. de Valenciennes, ville forte. ⟶ Château de 1411. — Bel arsenal. — Porte de Valenciennes.

Maison des Bateliers (xvi⁰ s.). — Château de l'Ermitage.

Coudekerque, 687 h., c. (Est) de Dunkerque.

Coudekerque-Branche, 1,947 h., c. (Est) de Dunkerque.

Courchelettes, 267 h., c. (Ouest) de Douai.

Cousolre, 2,852 h., c. de Solre-le-Château.

Coutiches, 2,005 h., c. d'Orchies.

Craywick, 456 h., c. de Gravelines.

Crespin, 1,900 h., c. de Condé. ⟶ Église du xiii⁰ s.; tableaux provenant d'une abbaye, et magnifique ostensoir en vermeil du xv⁰ s.

Crèvecœur, 2,393 h., c. de Marcoing. ⟶ Débris romains. — Restes d'un château fort (1119). — A Vaucelles, restes et cloître d'une abbaye de Cisterciens.

Crochte, 653 h., c. de Bergues. ⟶ Église du xvii⁰ s.; tableaux du xvii⁰ et du xviii⁰ s.

Croix, 568 h., c. de Landrecies.

Croix, 5,741 h., c. de Roubaix.

Cuincy, 1,135 h., c. (Ouest) de Douai. ⟶ Église en partie romane. — Chapelle Notre-Dame-des-Affligés (1572), célèbre lieu de pèlerinage (tableaux curieux). — Beau château de 1750.

Curgies, 1,181 h., c. (Est) de Valenciennes.

Cuvillers, 370 h., c. (Ouest) de Cambrai.

Cysoing, 3,030 h., ch.-l. de c. de l'arrond. de Lille, sur la Marcq. ⟶ Pyramide haute de 17 mèt., commémorative de la bataille de Fontenoy (1745).

Damousies, 262 h., c. de Maubeuge. ⟶ Église de 1300, avec clocher de 1513.

Dechy, 1,925 h., c. (Sud) de Douai.

Dehéries, 99 h., c. de Clary.

Denain, 14,419 h., c. de Bouchain. ⟶ Obélisque monolithe, haut de 12 mèt., commémoratif de la victoire de 1712.

Deulémont, 1,890 h., c. de Quesnoy-sur-Deule.

Dimechaux, 255 h., c. de Solre-le-Château.

Dimont, 443 h., c. de Solre-le-Château.

Doignies, 798 h., c. de Marcoing.

Dompierre, 868 h., c. (Nord) d'Avesnes. ⟶ Église : chœur du xii⁰ s. — A Huguemont, magnifique château de 1610.

Douai, 26,999 h., ch.-l. d'arrond. et de 2 c., sur la Scarpe. ⟶ *Fortifications* du xv⁰ et du xvi⁰ s., complétées par Vauban, et en grande partie récemment reconstruites ; *porte Notre-Dame* (1453), flanquée de deux tours ; *fort* détaché *de Scarpe*. — *Église Notre-Dame* (xii⁰ et xiv⁰ s.); peintures polychromes, tableaux de Van Oos et de Van Dyck ; Vierge mystique, tableau du xvi⁰ s. et surtout admirable retable de l'abbaye d'Anchin, peint au commencement du xvi⁰ s. par Jean Bellegambe. — *Église Saint-Pierre* (xviii⁰ s.); énorme tour gothique sur un porche du xvi⁰ s.) : bas-reliefs en albâtre provenant de l'abbaye de Saint-Amand; ancien buffet d'orgues de l'abbaye d'Anchin, avec statues et groupes sculptés (1760); beaux mausolées ; statues par Bra ; tableaux de Nicolas Bellegambe, de Lagrenée, d'Arnould de Vuez, etc. — *Saint-Jacques* (1706 et 1855); belle chaire et curieux retable peint. — *Chapelle de Sainte-Catherine-au-Châtel* (xiii⁰ et xvi⁰ s.). — Bel *hôtel de ville* (mon. hist.) en partie du xv⁰ s., en partie moderne, dominé par un *beffroi* haut de 40 mèt.; belle salle dite de la Rotonde. — *Palais de justice* du xviii⁰ s. (tableaux allégoriques de Brenet; portrait de Louis XIV, par Rigaud). — *Hôpital général* (xviii⁰ s.) dont le fronton a été sculpté par Bra. — *Collège des Bénédictins anglais* (xviii⁰ s.), où sont conservées des lettres autographes de Jacques II et du prétendant, et deux tableaux de Rubens et de Lesueur. — Vaste *arsenal*. — *Maisons* du xvi⁰, du xvii⁰ et du xviii⁰ s. — Important *musée* renfermant des collections d'histoire naturelle, d'antiquités, de tableaux, d'esquisses et de manuscrits (toiles de Van Dick, Van der Meulen, Rubens, Jules Romain, Pierre de Cortone, Philippe de Champaigne, Lagrenée, etc. — *Bibliothèque* de 50,000 volumes ; 365 manuscrits ; 6,000 médailles. — *Statue de*

Jean de Bologne, sur la place Saint-Jacques.

Douchy, 2,249 h., c. de Bouchain.

Dourlers, 729 h., c. (Sud) d'Avesnes. »»→ Débris de l'aqueduc romain d'*Ay-Du.* — A Mont-Dourlers, ancien hôpital du xiv° s.

Drincham, 248 h., c. de Bourbourg.

Dunkerque, 55,071 h., ch.-l. d'arr. et de 2 cantons, place de guerre, port de commerce et port militaire, sur la mer du Nord. »»→ Nouvelle digue, fort importante. — *Fortifications;* forts Revers, Risban, Louis; neuf portes. — Vaste *église de Saint-Éloi* (mon. hist.), bâtie vers 1560 dans le style ogival; péristyle de 1783, bâti dans le style des temples grecs. — *Chapelle de Notre-Dame des Dunes* (1405), reconstruite en 1815-1816 et agrandie en 1858 (pèlerinage très-fréquenté des marins). — *Église Saint-Martin,* moderne, style roman. — *Beffroi* (mon. hist.) du xv° s., haut de 60 mèt., ar

Ancien hôtel de ville de Cassel.

cien clocher de l'église Saint-Éloi; joli carillon. — *Bourse* de 1754. — *Théâtre.* — *Musée* de tableaux et d'antiquités. — *Magasins et ateliers de la Marine* (xvii° s.). — *Statue* en bronze *de Jean Bart,* par David (d'Angers). — Le casino et les établissements de *bains de mer* sont situés sur le territoire du Roosendaël.

Ebblinghem, 693 h., c. (Nord) d'Hazebrouck. »»→ Chœur de l'église (xv° s.). — Château du xviii° s.

Écaillon, 649 h., c. (Sud) de Douai.

Eccles, 148 h., c. de Solre-le-Château.

Éclaibes, 317 h., c. de Maubeuge.

Écluse (L'), 1,790 h., c. d'Arleux. »»→ Menhir. — Restes importants de fortifications. — Motte féodale.

Écuelin, 160 h., c. de Berlaimont. »»→ Cense de l'Hôpital (xiii° s.), bâtie par les hospitaliers de Saint-Jean-de-Jérusalem.

Eecke, 1,222 h., c. de Steenworde.

Élincourt, 1,827 h., c. de Clary.
Ellesmes, 504 h., c. de Maubeuge.
Émerchicourt, 522 h., c. de Bouchain.
Emmerin, 1,561 h., c. de Haubourdin. ⟶ Château de Guermanez (style du xvᵉ s.), dans lequel est installée une colonie pénitentiaire.
Englefontaine, 1,902 h., c. (Est) du Quesnoy.
Englos, 446 h., c. de Haubourdin.
Ennetières-en-Weppe, 1,678 h., c. de Haubourdin.
Ennevelin, 1,626 h., c. de Pont-à-Marcq.
Eppe-Sauvage, 633 h., c. de Trélon. ⟶ Ruines d'une forteresse. — Vieux château de Voyaux.
Erchin, 507 h., c. d'Arleux. ⟶ Château de 1660.
Éringhem, 666 h., c. de Bergues.
Erquinghem-le-Sec, 221 h., c. de Haubourdin.
Erquinghem-sur-Lys, 2,058 h., c. d'Armentières.
Erre, 1,428 h., c. de Marchiennes.
Escarmain, 985 h., c. de Solesmes.
Escaudin, 3,385 h., c. de Bouchain. ⟶ Belle tour (xvᵉ s.) de l'église.
Escaudœuvres, 2,198 h., c. (Est) de Cambrai.
Escaupont, 1,320 h., c. de Condé.
Escobecques, 2,582 h., c. de Haubourdin.
Esnes, 1,760 h., c. de Clary. ⟶ Église en partie du xvᵉ s. — Manoir féodal.
Esquelbecq, 1,913 h., c. de Wormhoudt. ⟶ Château de 1610 (neuf tours).
Esquerchin, 683 h., c. (Ouest) de Douai. ⟶ Clocher (xvᵉ s.) de l'église.
Estaires, 6,949 h., c. de Merville.
Estourmel, 771 h., c. de Carnières. ⟶ Motte féodale.
Estrées, 1,024 h., c. d'Arleux.
Estrœux, 639 h., c. (Est) de Valenciennes.
Estrun, 642 h., c. (Est) de Cambrai.
Eswars, 479 h., c. (Est) de Cambrai.
Eth, 329 h., c. (Ouest) du Quesnoy.
Étrœungt, 2,654 h., c. (Sud) d'Avesnes.

Faches, 2,928 h., c. (Sud-Est) de Lille.
Famars, 742 h., c. (Sud) de Valenciennes. ⟶ Restes d'une forteresse romaine (mon. hist.), flanquée de tours massives demi-cylindriques (iiiᵉ s.). — Château de 1662.
Faumont, 1,656 h., c. d'Orchies.
Favril, 598 h., c. de Landrecies. ⟶ Tableau, dans l'église, de la sainte Face de J.-C., donné en 1694 par le pape Innocent XII.
Féchain, 1,380 h., c. d'Arleux.
Feignies, 2,654 h., c. de Bavai.
Felleries, 1,846 h., c. (Nord) d'Avesnes.
Fénain, 2,498 h., c. de Marchiennes.
Férin, 800 h., c. (Sud) de Douai.
Féron, 586 h., c. de Trélon. ⟶ Église, avec tour à meurtrières de 1614. — Château du Pont-de-Sains, en partie du xviiᵉ s.
Ferrière-la-Grande, 2,668 h., c. de Maubeuge.
Ferrière-la-Petite, 799 h., c. de Maubeuge.
Flamengrie (La), 293 h., c. de Bavai.
Flaumont-et-Waudrechies, 367 h., c. (Nord) d'Avesnes. ⟶ Camp romain bien conservé du Catelet.
Flers, 3,180 h., c. de Lannoy.
Flers, 1,255 h., c. (Ouest) de Douai. ⟶ Belle église du xviiᵉ s.
Flesquières, 725 h., c. de Marcoing.
Flêtre, 1,101 h., c. (Sud-Ouest) de Bailleul. ⟶ Église du xvᵉ s. (vitraux et bas-reliefs en albâtre du xviᵉ s.); fonts baptismaux de la Renaissance. — Tour curieuse du château des comtes de Wignacourt.
Flines-lès-Mortagne, 1,880 h., c. de Saint-Amand (Rive Droite).
Flines-lès-Raches, 4,187 h., c. (Nord) de Douai.
Floursies, 200 h., c. (Nord) d'Avesnes.
Floyon, 1,110 h., c. (Sud) d'Avesnes.
Fontaine-au-Bois, 1,044 h., c. de Landrecies.
Fontaine-au-Pire, 1,646 h., c. de Carnières. ⟶ Église de 1454.
Fontaine-Notre-Dame, 1,967 h.,

Douai. — Beffroi et hôtel de ville.

c. (Ouest) de Cambrai. ⟹ Église en partie du xve et du xvie s.

Fontaines (Les), 296 h., c. de Solre-le-Château. ⟹ Chœur (xiie s.) de l'église, décoré de peintures.

Forenville, 101 h., c. (Est) de Cambrai.

Forest, 800 h., c. de Lannoy.

Forest, 1,631 h., c. de Landrecies.

Fort-Mardyck, 1,225 h., c. (Ouest) de Dunkerque.

Fourmies, 11,888 h., c. de Trélon.

Fournes, 1,674 h., c. de la Bassée.

Frasnoy, 556 h., c. (Ouest) du Quesnoy.

Frelinghien, 2,256 h., c. d'Armentières.

Fresnes, 6,045 h., c. de Condé.

Fressies, 687 h., c. (Ouest) de Cambrai.

Fressin, 878 h., c. d'Arleux.

Frétin, 2,109 h., c. de Pont-à-Marcq.

Fromelles, 1,287 h., c. de la Bassée.

Genech, 1,133 h., c. de Cysoing.

Georges (Saint-), 356 h., c. de Gravelines. ⟹ Église du xiiie s.

Ghissignies, 516 h., c. (Est) du Quesnoy.

Ghyvelde, 2,566 h., c. d'Hondschoote. ⟹ Église : nef romane ; clocher du xviie s.

Glageon, 1,802 h., c. de Trélon.

Godewaersvelde, 1,760 h., c. de Steenvoorde.

Gœulzin, 901 h., c. d'Arleux. ⟹ Château du xviie s. (magnifique galerie ogivale).

Gognies-Chaussée, 799 h., c. de Maubeuge.

Gommegnies, 3,487 h., c. (Ouest) du Quesnoy.

Gondecourt, 2,157 h., c. de Seclin. ⟹ Dans l'église, baptistère monolithe du xiie s.

Gonnelieu, 986 h., c. de Marcoing.

Gorgue (La), 3,704 h., c. de Merville.

Gouzeaucourt, 2,439 h., c. de Marcoing.

Grand-Fayt (Le), 569 h., c. (Sud) d'Avesnes.

Grande-Synthe, 753 h., c. (Ouest) de Dunkerque.

Gravelines, 7,855 h., ch.-l. de c. de l'arrond. de Dunkerque, port sur l'Aa. ⟹ Église du xvie s., renfermant un mausolée sculpté par Girardon.

Groise (La), 1,014 h., c. du Cateau.

Gruson, 596 h., c. de Lannoy.

Guesnain, 810 h., c. (Sud) de Douai.

Gussignies, 491 h., c. de Bavai.

Hallennes-lès-Haubourdin, 880 h., c. de Haubourdin.

Halluin, 13,771 h., c. (Nord) de Tourcoing.

Hamel, 422 h., c. d'Arleux.

Hantay, 557 h., c. de la Bassée.

Hardifort, 564 h., c. de Cassel.

Hargnies, 544 h., c. de Berlaimont. ⟹ Curieuse charpente (xve s.) de l'église. — La Fauchelle, construction regardée comme ayant fait partie d'un camp romain.

Hasnon, 3,713 h., c. (Rive-Droite) de Saint-Amand.

Haspres, 2,836 h., c. de Bouchain. ⟹ Portail et tour gothiques, restes d'une abbaye.

Haubourdin, 5,379 h., ch.-l. de c. de l'arrond. de Lille, sur la Haute-Deule. ⟹ Clocher de 1513. — Château du xvie s. — Hospice du xve s.

Haucourt, 700 h., c. de Clary. ⟹ Tour crénelée, reste de l'ancien château fort. — Église du xve et du xvie s.

Haulchin, 1,010 h., c. (Sud) de Valenciennes.

Haussy, 3,361 h., c. de Solesmes. ⟹ Restes d'un château des Templiers (xiie s.).

Haut-Lieu, 460 h., c. (Sud) d'Avesnes.

Hautmont, 6,973 h., c. de Maubeuge. ⟹ Église de 1500 ; fonts baptismaux romans.

Haveluy, 1,881 h., c. de Bouchain.

Haverskerque, 1,615 h., c. de Merville. ⟹ Église du xve s. (cloche de 1557).

Haynecourt, 376 h., c. (Ouest) de Cambrai. ⟹ Clocher du xvie s.

Hazebrouck, 9,857 h., ch.-l. d'arrond. et de 2 c., sur la Bourre et le canal d'Hazebrouck. ⟹ Église Saint-Nicolas (mon. hist.), surmontée d'une tour portant une belle flèche à jour (1512) en pierre, haute de 80 mèt.;

beau saint-sépulcre, groupe sculpté du xvie s.; tableaux de maîtres. — Hospice du xvie et du xviie s.

Hecq, 556 h., c. (Est) du Quesnoy.

Hélesmes, 1,506 h., c. de Bouchain.

Hellemmes, 2,812 h., c. (Nord-Est) de Lille.

Hem, 3,061 h., c. de Lannoy. »»—→ Église de la fin du xvie s. — Ancien château.

Église d'Hazebrouck.

Hem-Lenglet, 751 h., c. (Ouest) de Cambrai.

Hergnies, 3,210 h., c. de Condé.

Hérin, 2,179 h., c. (Sud) de Valenciennes.

Herlies, 944 h., c. de la Bassée.

Herrin, 452 h., c. de Seclin.

Herzeele, 1,679 h., c. de Wormhoudt.

Hestrud, 490 h., c. de Solre-le-Château. »»—→ Église du xiiie s.; beau vitrail du xive s.

Hilaire (Saint-), 910 h., c. (Nord) d'Avesnes. »»—→ Tour, reste de l'antique maison de Toppenset; elle est attenante à un petit château de 1771. — Église du xve s. — Dans un bois, habitation de l'Ermitage, antérieure au xve s.

Hilaire (Saint-), 2,386 h., c. de Carnières.
Holque, 524 h., c. de Bourbourg. ⟶ Église du xvii⁰ s.; tour du xvi⁰ s.
Hondeghem, 1,588 h., c. (Nord) d'Hazebrouck.
Hondschoote, 3,586 h., ch.-l. de c. de l'arrond. de Dunkerque, sur un embranchement du canal de Bergues à Furnes. ⟶ Église du xv⁰ ou du xvi⁰ s.; tour surmontée d'une belle flèche en briques (82 mèt.).
Hon-Hergies, 1,082 h., c. de Bavai.
Honnechy, 1,531 h., c. du Cateau.
Honnecourt, 2,056 h., c. de Marcoing. ⟶ Tumulus des Catelets. — Ruines romaines.
Hordain, 1,414 h., c. de Bouchain. ⟶ Église de la dernière période ogivale (curieuses sculptures).
Hornain, 1,202 h., c. de Marchiennes.
Houdain, 980 h., c. de Bavai.
Houplin, 1,612 h., c. de Seclin.
Houplines, 4,806 h., c. d'Armentières.
Houtkerque, 1,523 h., c. de Steenvoorde.
Hoymille, 489 h., c. de Bergues.
Illies, 1,450 h., c. de la Bassée.
Inchy, 1,627 h., c. du Cateau. ⟶ Église de la fin du xv⁰ s.; tour carrée, flanquée de quatre tourelles.
Iwuy, 3,890 h., c. (Est) de Cambrai.
Jans-Cappel (Saint-), 1,128 h., c. (Nord-Est) de Bailleul.
Jenlain, 898 h., c. (Ouest) du Quesnoy.
Jeumont, 2,244 h., c. de Maubeuge. ⟶ Restes d'un château du xiii⁰ s.
Jolimetz, 932 h., c. (Est) du Quesnoy.
Killem, 1,157 h., c. d'Hondschoote.
Lallaing, 2,072 h., c. (Nord) de Douai. ⟶ Dans l'église, *Crucifiement* peint sur bois, genre du xvi⁰ s. — Ruines d'un château féodal. — Château moderne.
Lambersart, 2,425 h., c. (Ouest) de Lille.
Lambres, 1,082 h., c. (Ouest) de Douai.
Landas, 2,160 h., c. d'Orchies.
Landrecies, 4,185 h., ch.-l. de c. de l'arrond. d'Avesnes, place de guerre, sur la Sambre. ⟶ Fortifications (deux portes). — Dans l'église, tombeau de Clarke, duc de Feltre.
Lannoy, 1,906 h., ch.-l. de c. de l'arrond. de Lille.
Larouillies, 472 h., c. (Sud) d'Avesnes.
Lauwin-Planque, 711 h., c. (Ouest) de Douai.
Lecelles, 2,188 h., c. (Rive-Gauche) de Saint-Amand.
Lederzeele, 1,664 h., c. de Wormhoudt.
Ledringhem, 649 h., c. de Wormhoudt.
Leers, 3,409 h., c. de Lannoy. ⟶ Ruines du château de la Royère. — Église du xvi⁰ s. (tour romane).
Leffrinckoucke, 296 h., c. (Est) de Dunkerque.
Lesdain, 1,181 h., c. de Marcoing. ⟶ Trois tours, restes du château (xiv⁰ s.). — Dans le cimetière, belle pierre tumulaire sculptée du xvi⁰ s.
Lesquin, 1,361 h., c. de Seclin.
Leval, 816 h., c. de Berlaimont.
Lewarde, 1,222 h., c. (Sud) de Douai.
Lezennes, 1,522 h., c. (Sud-Est) de Lille.
Liessies, 935 h., c. de Solre-le-Château. ⟶ Belle église (mon. hist. du xvi⁰ s.) d'une ancienne abbaye; jubé en marbre blanc; vitraux anciens à la sacristie; cloches de 1509 et 1516. — Élégantes chapelles de 1759, aux quatre entrées du village.
Lieu-Saint-Amand, 913 h., c. de Bouchain.
Ligny, 2,250 h., c. de Clary. ⟶ Tour, reste d'un château du xiv⁰ s. — Château du xvii⁰ s.
Ligny, 111 h., c. de Haubourdin.
Lille, ville de 162,775 hab., ch.-l. du département et de 5 c., place de guerre de 1ʳᵉ classe, sur la Deule, à 23 mèt. au-dessus de la mer, sous 50⁰ 38′ 44″ de latitude septentrionale et 0⁰ 43′ 37″ de longitude occidentale. ⟶ Enceinte fortifiée dont une partie a été construite par Vauban, ainsi que la citadelle, chef-d'œuvre du grand ingénieur

de Louis XIV. — Église *Notre-Dame de la Treille et Saint-Pierre*, commencée en 1855 dans le style ogival du xiiiᵉ s.; il n'en a été construit encore que la crypte et une partie du chœur; statue séculaire de Notre-Dame de la Treille, autrefois à l'église Sainte-Catherine. — *Église Saint-Maurice* (mon. hist.) de la dernière période ogivale à cinq nefs presque égales en hauteur (deux nefs sont de 1625); façade et beau clocher modernes, du style gothique; curieux tableau du xviᵉ s. — *Église de la Madeleine* (1625), renfermant des tableaux de Van Oost, de Rubens, de Van Dyck et d'Arnould de Vuez. — A *Sainte-Catherine*, fondée au xiiᵉ s., remaniée en 1538 et en 1725, magnifique tableau de Rubens. — A *Saint-André* (1702-1759), toiles de Van Oost, d'Otto Venius et d'Arnoult de Vuez. — *Église Saint-Sauveur* (mon. hist.), ogivale. — *Hôtel de ville* (1846), sur l'emplacement du palais de Rihour, construit en 1430 et dont il reste la salle dite du Conclave (belles boiseries; six tableaux d'Arnould de Vuez) et l'escalier qui y conduit (mon. hist.). — Vaste et somptueux *hôtel de la Préfecture* (1866). — *Bourse* (mon. hist.), commencée en 1652 (statue de Napoléon Iᵉʳ). — *Hôpital Comtesse* (mon. hist.), rebâti en 1467, et depuis. — *Hôpital Sainte-Eugénie*, récent. — Vaste *collège des Jésuites*. — *Maisons* du xviiᵉ s. — *Colonne* commémorative du siége de Lille en 1792 (statue personnifiant la Ville, par Bra). — *Statue du général Négrier*, par Bra. — *Musée de peinture*, composé de 200 tableaux des écoles italienne, flamande et hollandaise (A. de Sarto, P. Véronèse, Salvator Rosa, Rubens, Van Dyck, Jordaens, Ph. de Champaigne, David de Heem) et 550 toiles de l'école française (Valentin, Lebrun, Arnould de Vuez, Jouvenet, Restout, Watteau, Wicar, E. Delacroix, Courbet, etc.). — *Musée Wicar*, collection remarquable de dessins de maîtres, légués à la ville par le peintre du même nom. — *Musée ethnographique, archéologique, industriel*; médaillier, *bibliothèque* de 50,000 volumes; aux archives communales, Évangéliaire manuscrit du xiiᵉ ou du xiiiᵉ s.

Limont-Fontaine, 560 h., c. de Maubeuge.
Linselles, 4,427 h., c. (Nord) de Tourcoing.
Locquignol, c. (Est) du Quesnoy.
Loffre, 188 h., c. (Sud) de Douai.
Lomme, 4,099 h., c. de Haubourdin. ⇾ Église du xvᵉ s. renfermant une Vierge vénérée, du xviᵉ s. — Château de la Mairie (xvᵉ et xviiiᵉ s.). — Ferme du Temple, ancien manoir des Templiers.
Lompret, 652 h., c. de Quesnoy-sur-Deule.
Longueville (La), 1,182 h., c. de Bavai.
Looberghe, 1,566 h., c. de Bourbourg. ⇾ Clocher du xvᵉ s.
Loon, 2,516 h., c. de Gravelines.
Loos, 6,706 h., c. de Haubourdin. ⇾ Maison centrale de détention, dans une célèbre abbaye fondée en 1140 et rééditiée en partie en 1752.
Lourches, 3,965 h., c. de Bouchain.
Louvignies-lès-Bavai, 896 h., c. de Bavai.
Louvignies-lès-le-Quesnoy, 1,193 h., c. du Quesnoy.
Louvil, 729 h., c. de Cysoing.
Louvroil, 2,621 h., c. de Maubeuge.
Lynde, 788 h., c. (Nord) d'Hazebrouck.
Lys-lès-Lannoy, 3,027 h., c. de Lannoy.
Madeleine (La), 7,461 h., c. (Centre) de Lille.
Maing, 2,156 h., c. (Sud) de Valenciennes. ⇾ Château de Fretz (xvᵉ s.). — Grosse tour carrée du xvᵉ s.
Mairieux, 485 h., c. de Maubeuge.
Maisnil (Le), 472 h., c. de Haubourdin.
Malincourt, 1,082 h., c. de Clary.
Marbaix, 734 h., c. (Sud) d'Avesnes.
Marchiennes, 3,452 h., ch.-l. de c. de l'arrond. de Douai. ⇾ Dans la mairie, porte et petit balcon sculpté du xvᵉ s.
Marchiennes-Campagne, 485 h., c. de Marchiennes.
Marcoing, 1,948 h., ch.-l. de c. de l'arrond. de Cambrai. ⇾ Souterrain du moyen âge, avec galeries en maçonnerie.

Marcq, 532 h., c. d'Arleux.

Marcq-en-Barœul, 8,411 h., c. (Sud) de Tourcoing. — Château-Rouge, flanqué de tourelles et entouré de fossés.

Mardyck, 419 h., c. (Ouest) de Dunkerque.

Maresches, 955 h., c. (Ouest) du Quesnoy.

Maretz, 3,123 h., c. de Clary.

Marie-Cappel (Sainte-), 673 h., c. de Cassel.

Marly, 1,652 h., c. (Est) de Valenciennes.

Maroilles, 1,937 h., c. de Landrecies.

Marpent, 876 h., c. de Maubeuge. ⟶ Église de 1442 (pèlerinage). — Ruines d'un château.

Marquette, 3,250 h., c. (Ouest) de Lille.

Marquette, 2,425 h., c. de Bouchain.

Marquillies, 1,193 h., c. de la Bassée.

Martin (Saint-), 701 h., c. de Solesmes.

Masnières, 1,876 h., c. de Marcoing. ⟶ Belle église de 1830, style du XIIIe s., avec tour du XVe s.

Masny, 1,089 h., c. (Sud) de Douai.

Mastaing, 835 h., c. de Bouchain. ⟶ Jolie petite église ogivale. — Cimetière défendu par deux tours.

Maubeuge, 14,398 h., ch.-l. de c. de l'arrond. d'Avesnes, place de guerre, sur la Sambre. ⟶ Fortifications (1680-1685) construites sur les plans de Vauban. — Arsenal du XVIIe s. — Hôpital des Kanquennes (1562). — Beaux bâtiments de l'ancien chapitre de chanoinesses (XVIIe s.).

Maulde, 872 h., c. de Saint-Amand (Rive Gauche).

Mauroy, 866 h., c. du Cateau. ⟶ Église du XVIIIe s. — Beau calvaire de 1845.

Mazinghien, 1,172 h., c. du Cateau.

Mecquignies, 875 h., c. de Bavai. ⟶ Église en partie de 1570; charpente curieuse.

Mérignies, 919 h., c. de Pont-à-Marcq.

Merkeghem, 867 h., c. de Wormhoudt. ⟶ Tumulus.

Merris, 1,219 h., c. (Sud-Ouest) de Bailleul.

Merville, 6,912 h., ch.-l. de c. de l'arrond. d'Hazebrouck, sur la Lys, la Clarence et la Bourre. ⟶ Église du XVe s., restaurée en 1599. — Magasin des tabacs (1617), ancien couvent de Capucins.

Meteren, 2,702 h., c. (Sud-Ouest) de Bailleul. ⟶ Église du XVIe s., à trois nefs, avec poutres sculptées de la même époque.

Millam, 966 h., c. de Bourbourg. ⟶ Église ogivale flamboyante; haute flèche. A l'intérieur, quatre médaillons en verre de couleur; tableaux attribués à Annibal Carrache.

Millonfosse, 531 h., c. (Rive-Gauche) de Saint-Amand.

Moëres (Les), 862 h., c. d'Hondschoote.

Mœuvres, 858 h., c. de Marcoing.

Momelin (Saint-), 414 h., c. de Bourbourg.

Monceau-Saint-Waast, 551 h., c. de Berlaimont.

Monchaux, 560 h., c. (Sud) de Valenciennes.

Moncheaux, 1,025 h., c. de Pont-à-Marcq.

Monchecourt, 1,107 h., c. d'Arleux.

Mons-en-Barœul, 2,583 h., c. (Nord-Est) de Lille.

Mons-en-Pévèle, 2,078 h., c. de Pont-à-Marcq.

Montay, 529 h., c. du Cateau.

Montigny, 1,225 h., c. de Clary.

Montigny, 901 h., c. (Sud) de Douai. ⟶ Vieux château transformé en ferme. — Dans les bois, magnifique château (1854), style du XVIe s.

Montrécourt, 295 h., c. de Solesmes.

Morbecque, 3,768 h., c. (Sud) d'Hazebrouck. ⟶ Église du XVe s., renfermant un beau tombeau de chevalier du XVe s., un tombeau d'enfant de la même époque et des boiseries du XVIe s. — Beau château de la Motte-aux-Bois (1660), restauré en 1842.

Morenchies, 109 hab., c. (Ouest) de Cambrai.

Mortagne, 1,181 h., c. (Rive-Droite) de Saint-Amand.

Mouchin, 1,475 h., c. de Cysoing.
Moustiers, 186 h., c. de Trélon.
Mouveaux, 3,369 h., c. (Sud) de Tourcoing.
Naves, 901 h., c. (Est) de Cambrai.
Neuf-Berquin, 1,396 h., c. de Merville. ⇒ Église du XII° s., complétement remaniée. — Restes d'un ancien castel.
Neuf-Mesnil, 953 h., c. de Bavai.
Neuville (La), 381 h., c. de Pont-à-Marcq.
Neuville-en-Ferrain, 4,324 h., c. (Nord) de Tourcoing.
Neuville-lès-Solesmes, 562 h., c. (Est) du Quesnoy.
Neuville-Saint-Rémy, 1,125 h., c. (Ouest) de Cambrai.
Neuville-sur-l'Escaut, 1,271 h., c. de Bouchain. ⇒ Église, belle tour de 1685.
Neuvilly, 2,576 h., c. du Cateau.
Nieppe, 4,871 h., c. (Nord-Est) de Bailleul.
Niergnies, 573 h., c. (Est) de Cambrai.
Nivelle, 1,090 h., c. (Rive-Gauche) de Saint-Amand.
Nomain, 2,377 h., c. d'Orchies.
Noordpeene, 1,484 h., c. de Cassel. ⇒ Église du XIV° et du XVI° s., renfermant un baptistère monolithe du XII° s. — Joli château de 1490.
Noyelles, 710 h., c. de Marcoing.
Noyelles-lès-Seclin, 306 h., c. de Seclin.
Noyelles-sur-Sambre, 452 h., c. de Berlaimont. ⇒ Dans le mur du cimetière, belle pierre tombale de 1452, avec sept personnages sculptés.
Noyelles-sur-Selle, 715 h., c. de Bouchain.
Obies, 1,024 h., c. de Bavai.
Obrechies, 263 h., c. de Maubeuge.
Ochtezeele, 488 h., c. de Cassel.
Odomez, 448 h., c. de Condé.
Ohain, 1,200 h., c. de Trélon. ⇒ Chapelle du XVII° s.; ancienne statue de Jésus flagellé, en bois, de grandeur naturelle, appelée le Grand Dieu d'Ohain.
Oisy, 263 h., c. (Sud) de Valenciennes.
Onnaing, 3,997 h., c. (Est) de Valenciennes. ⇒ Église, tour du XVI° s.
Oost-Cappel, 422 h., c. d'Hondschoote.

Orchies, 3,575 h., ch.-l. de c. de l'arrond. de Douai.
Ors, 939 h., c. du Cateau. ⇒ Ruines de la forteresse de Malmaison (XIII° s.). — Maison commune de la fin du XVI° s.
Orsinval, 515 h., c. (Ouest) du Quesnoy.
Ostricourt, 842 h., c. de Pont-à-Marcq.
Oudezeele, 991 h., c. de Steenwoorde.
Oxelaëre, 557 h., c. de Cassel. ⇒ Église de 1719; tabernacle provenant de l'abbaye de Saint-Pierre de Cassel.
Paillencourt, 1,227 h., c. (Ouest) de Cambrai.
Pecquencourt, 1,405 h., c. de Marchiennes. ⇒ Ruines de la célèbre abbaye d'Anchin. — Maison du Bailli (commencement du XVII° s.).
Pérenchies, 2,098 h., c. de Quesnoy-sur-Deule. ⇒ Belle église ogivale moderne, en briques.
Péronne, 673 h., c. de Cysoing.
Petit-Fayt (Le), 351 h., c. (Sud) d'Avesnes.
Petite-Forêt-de-Raismes, 1,125 h., c. (Rive-Droite) de Saint-Amand.
Petite-Synthe, 4,717 h., c. (Ouest) de Dunkerque. ⇒ Église du XV° s.
Phalempin, 1,482 h., c. de Pont-à-Marcq.
Pierre-Brouck (Saint-), 645 h., c. de Bourbourg. ⇒ Église du XV° s.
Pitgam, 1,573 h., c. de Bergues. ⇒ Église du XV° et du XVI° s. (tour romane).
Poix, 1,168 h., c. (Est) du Quesnoy.
Pommereuil, 1,507 h., c. du Cateau.
Pont-à-Marcq, 745 h., ch.-l. de c. de l'arrond. de Lille.
Pont-sur-Sambre, 1,503 h., c. de Berlaimont.
Potelles, 222 h., c. (Est) du Quesnoy. ⇒ Château du XIII° s., bien conservé.
Pradelles, 535 h., c. (Sud) d'Hazebrouck. ⇒ Église du XVI° s., avec tour romane.
Prémesques, 1,149 h., c. d'Armentières.
Préseau, 2,050 h., c. (Est) de Valenciennes. ⇒ Beau château du XVII° s. — Église renfermant de curieuses œuvres d'art.
Preux-au-Bois, 1,732 h., c. de Landrecies.

Preux-au-Sart, 416 h., c. (Ouest) du Quesnoy.
Prisches, 1,532 h., c. de Landrecies. ⟶ Église du XVIe s., autrefois fortifiée.
Prouvy, 771 h., c. (Sud) de Valenciennes. ⟶ Église en partie ogivale.
Proville, 757 h., c. (Ouest) de Cambrai. ⟶ Église ogivale.
Provin, 1,576 h., c. de Seclin.
Python (Saint-), 1,941 h., c. de Solesmes.
Quaëdypre, 1,616 h., c. de Bergues. ⟶ Curieuse façade romane de l'église.
Quarouble, 2,636 h., c. (Est) de Valenciennes.
Querenaing, 505 h., c. (Sud) de Valenciennes. ⟶ Église de 1422 (beaux tombeaux gothiques).
Quesnoy (Le), 3,692 h., ch.-l. de 2 c. de l'arrond. d'Avesnes. ⟶ Fortifications complétées par Vauban. — Arsenal.
Quesnoy-sur-Deule, 5,014 h., ch.-l. de c. de l'arrond. de Lille.
Quiévelon, 212 h., c. de Maubeuge. ⟶ Église du XIVe s.
Quiévrechain, 1,214 h., c. (Est) de Valenciennes.
Quiévy, 3,517 h., c. de Carnières.
Raches, 1,526 h., c. (Ouest) de Douai.
Radinghem, 1,124 h., c. de Haubourdin.
Raillencourt, 1,067 h., c. (Ouest) de Cambrai.
Raimbeaucourt, 262 h., c. (Ouest) de Douai.
Rainsars, 2,563 h., c. de Trélon.
Raismes, 4,702 h., c. (Rive-Droite) de Saint-Amand. ⟶ Ruines du château de la famille de Cernay.
Ramillies, 518 h., c. (Est) de Cambrai.
Ramousies, 565 h., c. (Nord) d'Avesnes. ⟶ Tour de Rampsies, reste d'un château fort. — A l'église (1589), deux vieux retables, dont l'un de 1514.
Raucourt, 267 h., c. (Est) de Quesnoy.
Recquignies, 740 h., c. de Maubeuge.
Rémy-Chaussée (Saint-), 520 h., c. de Berlaimont.
Rémy-mal-Bâti (Saint-), 715 h., c. de Maubeuge.
Renescure, 2,011 h., c. (Nord) d'Hazebrouck. ⟶ Église romano-ogivale. — Restes importants d'un château fort du XIIe s., restauré au XVe et au XVIe. — Débris de l'abbaye de Wœstine, fondée vers 1217.
Reumont, 947 h., c. du Cateau.
Rexpoëde, 1,887 h., c. d'Hondschoote. ⟶ Église du XIVe s., restaurée en 1618.
Ribécourt, 682 h., c. de Marcoing. ⟶ Église ogivale du XVIe s.
Rieulay, 505 h., c. de Marchiennes.
Rieux, 2,219 h., c. de Carnières.
Robersart, 250 h., c. de Landrecies.
Rœulx, 1,515 h., c. de Bouchain. ⟶ Église du XVIIIe s.; deux tableaux allégoriques remarquables.
Rombies-et-Marchipont, 572 h., c. (Est) de Valenciennes.
Romeries, 886 h., c. de Solesmes.
Ronchin, 2,415 h., c. (Sud-Est) de Lille.
Roncq, 5,825 h., c. (Nord) de Tourcoing.
Roost-Warendin, 1,978 h., c. (Ouest) de Douai. ⟶ Magnifique château (XIIIe s.) de Bernicourt.
Rosendaël (Le), 4,591 h., c. (Est) de Dunkerque. ⟶ Beau casino et établissement de bains de mer.
Rosult, 1,325 h., c. (Rive-Gauche) de Saint-Amand.
Roubaix, 83,661 h., ch.-l. de 2 c. de l'arrond. de Lille. ⟶ Dans l'église Saint-Martin (1849), quatre monuments funéraires du XVe s., et trois tableaux de Watteau.
Roucourt, 510 h., c. (Sud) de Douai. ⟶ Vieille église restaurée au XVIIIe s.
Rousies, 817 h., c. de Maubeuge.
Rouvignies, 285 h., c. (Sud) de Valenciennes.
Rubrouck, 1,577 h., c. de Cassel.
Ruesnes, 498 h., c. (Est) du Quesnoy.
Rumegies, 1,616 h., c. (Rive Gauche) de Saint-Amand.
Rumilly, 2,077 h., c. de Marcoing.
Sailly, 592 h., c. (Ouest) de Cambrai. ⟶ Façade de l'église du XIIIe s.
Sailly, 895 h., c. de Lannoy.
Sainghin-en-Mélantois, 1,844 h., c. de Cysoing.
Sainghin-en-Weppe, 2,461 h., c. de la Bassée.

Sains, 3,148 h., c. (Sud) d'Avesnes. ⇒ Château du Pont-de-Sains, qui fut habité par Talleyrand ; à côté, temple à fronton supporté par quatre colonnes en marbre.
Salesches, 566 h., c. (Est) du Quesnoy.
Salomé, 1,215 h., c. de la Bassée.
Saméon, 1,511 h., c. d'Orchies.
Sancourt, 445 h., c. (Ouest) de Cambrai.
Santes, 1,852 h., c. de Haubourdin. ⇒ Église du xv° s.
Sars-et-Rosières, 546 h., c. (Rive-Gauche) de Saint-Amand. ⇒ Ancien château de Leloire, bien conservé.
Sars-Poteries, 2,515 h., c. de Solre-le-Château.
Sassegnies, 395 h., c. de Berlaimont.
Saultain, 1,008 h., c. (Est) de Valenciennes.
Saulve (Saint-), 2,460 h., c. (Nord) de Valenciennes.
Saulzoir, 2,526 h., c. de Solesmes.
Sebourg, 1,768 h., c. (Est) de Valenciennes. ⇒ Dans l'église (1186), tombeau de saint Druon (x° s.) et beau monument gothique.
Seclin, 5,022 h., ch.-l. de c. de l'arrond. de Lille. ⇒ Dans la crypte de l'église (xiii° s.), fontaine de Saint-Piat. — Bel hôpital du xiii° s., fondé par Marguerite de Flandre.
Selvigny, 896 h., c. de Clary.
Semeries, 875 h., c. (Nord) d'Avesnes.
Semousies, 250 h., c. (Nord) d'Avesnes.
Sentinelle (La), 2,658 h., c. (Sud) de Valenciennes.
Sepmeries, 872 h., c. (Ouest) du Quesnoy.
Sequedin, 681 h., c. de Haubourdin.
Séranvillers, 527 h., c. de Carnières.
Sercus, 515 h., c. (Nord) d'Hazebrouck.
Sin, 5,195 h., c. (Nord) de Douai.
Socx, 740 h., c. de Bergues. ⇒ Clocher ogival, très-élevé ; cloche ancienne dont les ornements figurent une danse des morts.
Solesmes, 6,445 h., ch.-l. de c. de l'arrond. de Cambrai, sur la Selle. ⇒ Restes gothiques du cloître d'un prieuré. — Belle fontaine, nouvellement restaurée.

Solre-le-Château, 2,750 h., ch.-l. de c. de l'arrond. d'Avesnes, sur la Solre. ⇒ Deux menhirs appelés pierres de Saint-Martin. — Église (mon. hist.) du xv° s., avec abside plus ancienne ; très-beaux vitraux de 1552; cloche de 1280. — Hôtel de ville et deux maisons en briques, du xvi° s.
Solrinnes, 160 h., c. de Solre-le-Château.
Somain, 5,110 h., c. de Marchiennes.
Sommaing, 550 h., c. de Solesmes.
Souplet (Saint-), 2,556 h., c. du Cateau.
Spycker, 676 h., c. de Bourbourg. ⇒ Église du xv° s.
Staple, 975 h., c. (Nord) d'Hazebrouck.
Steenbecque, 1,967 h., c. (Sud) d'Hazebrouck. ⇒ Église en partie du xiv° s., renfermant une belle croix processionnelle du xvi° s.
Steene, 1,070 h., c. de Bergues. ⇒ Église du xvi° s., élevée sur les restes d'une construction romane. — Joli château de la Renaissance.
Steenvoorde, 4,018 h., ch.-l. de c. de l'arrond. d'Hazebrouck. ⇒ Église du xvi° s.; belle tour gothique.
Steenwerck, 4,309 h., c. (Nord-Est) de Bailleul.
Strazeele, 615 h., c. (Sud) d'Hazebrouck.
Sylvestre-Cappel (Saint-), 1,100 h., c. de Steenvoorde.
Taisnières-en-Thiérache, 756 h., c. (Nord) d'Avesnes.
Taisnières-sur-Hon, 1,367 h., c. de Bavai.
Templemars, 972 h., c. de Seclin.
Templeuve, 2,949 h., c. de Cysoing. ⇒ Curieuse église romane.
Terdeghem, 632 h., c. de Steenvoorde.
Téteghem, 1,455 h., c. (Est) de Dunkerque.
Thiant, 1,455 h., c. (Sud) de Valenciennes.
Thiennes, 1,061 h., c. (Sud) d'Hazebrouck. ⇒ Église du xvi° s. — Ruines d'un château fort.
Thivencelles, 561 h., c. de Condé.
Thumeries, 1,015 h., c. de Pont-à-Marcq.

Thun, 564 h., c. (Rive-Gauche) de Saint-Amand.

Thun-l'Évêque, 852 h., c. (Est) de Cambrai. ⟶ Église ogivale.

Thun-Saint-Martin, c. (Est) de Cambrai.

Tilloy, 365 h., c. (Ouest) de Cambrai.

Tilloy, 466 h., c. de Marchiennes.

Toufflers, 1,420 h., c. de Lannoy.

Tourcoing, 48,634 h., ville industrielle, ch.-l. de 2 c. de l'arrond. de Lille. ⟶ Église Saint-Christophe, des XIIe, XIIIe, XVe, XVIe et XVIIIe s. et moderne. — Hôtel de ville récent, dans le style de la Renaissance. — Pyramide commémorative de la victoire de 1794.

Tourmignies, 554 h., c. de Pont-à-Marcq.

Trélon, 3,200 h., ch.-l. de c. de l'arrond. d'Avesnes. ⟶ Église de 1578. — Couvent des Carmes, du commencement du XVIIe s.

Tressin, 508 h., c. de Lannoy.

Trith-Saint-Léger, 2,312 h., c. (Sud) de Valenciennes.

Trois-Villes, 1,955 h., c. du Cateau.

Uxem, 460 h., c. (Est) de Dunkerque.

Vaast (Saint-), 1,983 h., c. de Solesmes.

Vaast ou **Waast (Saint-),** 707 h., c. de Bavai. ⟶ Vieux château de Rametz (tours du XVe s.). — A 1 kil., ancienne tour, haute de 20 mèt.

Valenciennes, 26,083 h., ch.-l. d'arrond. et de 2 c., sur l'Escaut, place de guerre. ⟶ Belles *fortifications* (six portes). — *Citadelle* construite par Vauban. — Belle *église* moderne *de Notre-Dame du Saint-Cordon* (style du XIIIe s.). — *Église Saint-Géry* (débris du XIIIe s.). — Jolie *maison* du XVe s., rue Notre-Dame. — *Maisons* du XVIe et du XVIIe s. — Magnifique et vaste *hôtel de ville* (1612), dont le second étage renferme la galerie de peinture (magnifique triptyque de Rubens, tableaux de maîtres flamands, belle tapisserie du XVIe s.). — Vaste *hôpital général* (1751). — *Statue de Froissart,* par H. Lemaire (1856).

Vendegies-au-Bois, 943 h., c. (Est) du Quesnoy.

Vendegies-sur-Écaillon, 1,235 h.,

c. de Solesmes. ⟶ Vieux château fort.

Vendeville, 490 h., c. de Seclin.

Verchain-et-Maugré, 1,435 h., c. (Sud) de Valenciennes.

Verlinghem, 1,579 h., c. de Quesnoy-sur-Deule.

Vertain, 1,268 h., c. de Solesmes.

Vicq, 915 h., c. de Condé.

Viesly, 3,105 h., c. de Solesmes. ⟶ Ancienne tour, transformée en maison commune. — Belle église de 1763, agrandie en 1866 (tableau de Boucher).

Vieux-Berquin, 3,264 h., c. (Sud-Ouest) de Bailleul.

Vieux-Condé, 5,681 h., c. de Condé.

Vieux-Mesnil, 427 h., c. de Berlaimont.

Vieux-Rengt-et-la-Salmagne, 876 h., c. de Maubeuge.

Villereau, 1,019 h., c. (Ouest) du Quesnoy.

Villers-au-Tertre, 577 h., c. d'Arleux.

Villers-Campeau, 215 h., c. de Marchiennes.

Villers-en-Cauchies, 1,578 h., c. de Carnières.

Villers-Guislain, 2,080 h., c. de Marcoing.

Villers-Outréau, 3,051 h., c. de Clary.

Villers-Plouich, 1,004 h., c. de Marcoing.

Villers-Pol, 1,400 h., c. (Ouest) du Quesnoy.

Villers-Sire-Nicole, 1,321 h., c. de Maubeuge. ⟶ Église du XVe s. — Bâtiment de l'Ermitage (1367).

Volkerinkhove, 906 h., c. de Wormhoudt. ⟶ Église en partie romane.

Vred, 1,684 h., c. de Marchiennes.

Wahagnies, 909 h., c. de Pont-à-Marcq.

Walincourt, 2,650 h., c. de Clary.

Wallers, 3,695 h., c. (Nord) de Valenciennes.

Wallers, 419 h., c. de Trélon.

Wallon-Cappel, 746 h., c. (Nord) d'Hazebrouck.

Wambaix, 748 h., c. de Carnières.

Wambrechies, 3,833 h., c. (Ouest) de Lille.

Hôtel de ville de Valenciennes.

Wandignies-et-Hamage, 955 h., c. de Marchiennes.
Wannehain, 546 h., c. de Cysoing.
Wargnies-le-Grand, 957 h., c. (Ouest) du Quesnoy.
Wargnies-le-Petit, 790 h., c. (Ouest) du Quesnoy.
Warhem, 2,429 h., c. d'Hondschoote.
»»→ Église du xv° au xvi° s.; belle tour avec flèche en briques.
Warnéton-Bas, 261 h., c. de Quesnoy-sur-Deule.
Warnéton-Sud, 137 h., c. de Quesnoy-sur-Deule.
Wasnes-au-Bac, 807 h., c. de Bouchain.
Wasquehal, 3,061 h., c. de Roubaix.
Watten, 1,537 h., c. de Bourbourg.
»»→ De l'abbaye il reste une tour (mon. hist.), haute de 72 mèt.
Wattignies, 218 h., c. de Maubeuge.
Wattignies, 2,415 h., c. de Seclin.
»»→ Dans l'église, croix byzantine et beau retable du xvi° s. — Restes d'un château fort. — Château moderne.
Wattrelos, 15,325 h., c. de Roubaix.
Wavrechain-sous-Denain, 436 h., c. de Bouchain.
Wavrechain-sous-Faulx, 603 h., c. de Bouchain.

Wavrin, 3,333 h., c. de Haubourdin.
Waziers, 1,965 h., c. (Nord) de Douai.
Wemaers-Cappel, 472 h., c. de Cassel.
Wervick-Sud, 2,985 h., c. de Quesnoy-sur-Deule.
West-Cappel, 882 h., c. de Bergues.
Wicres, 267 h., c. de la Bassée.
Wignehies, 3,963 h., c. de Trélon.
Willems, 2,116 h., c. de Lannoy.
Willies, 297 h., c. de Trélon.
Winnezeele, 1,480 h., c. de Steenvoorde. »»→ Dans l'église, chaire remarquable du xvi° s., provenant de la cathédrale d'Ypres.
Wormhoudt, 3,759 h., ch.-l. de c. de l'arrond. de Dunkerque.
Wulverdinghe, 527 h., c. de Bourbourg. »»→ L'église offre une façade romane.
Wylder, 327 h., c. de Bergues.
Zeggers-Cappel, 1,771 h., c. de Wormhoudt.
Zermezeele, 372 h., c. de Cassel.
Zuytcoote, 346 h., c. (Est) de Dunkerque.
Zuytpeene, 809 h., c. de Cassel.
»»→ Dans l'église, qui date de différentes époques, se voit un magnifique tombeau de 1540.

France par ADOLPHE JOANNE

NORD

Les chiffres indiquent la hauteur en mètres au dessus du niveau de la mer

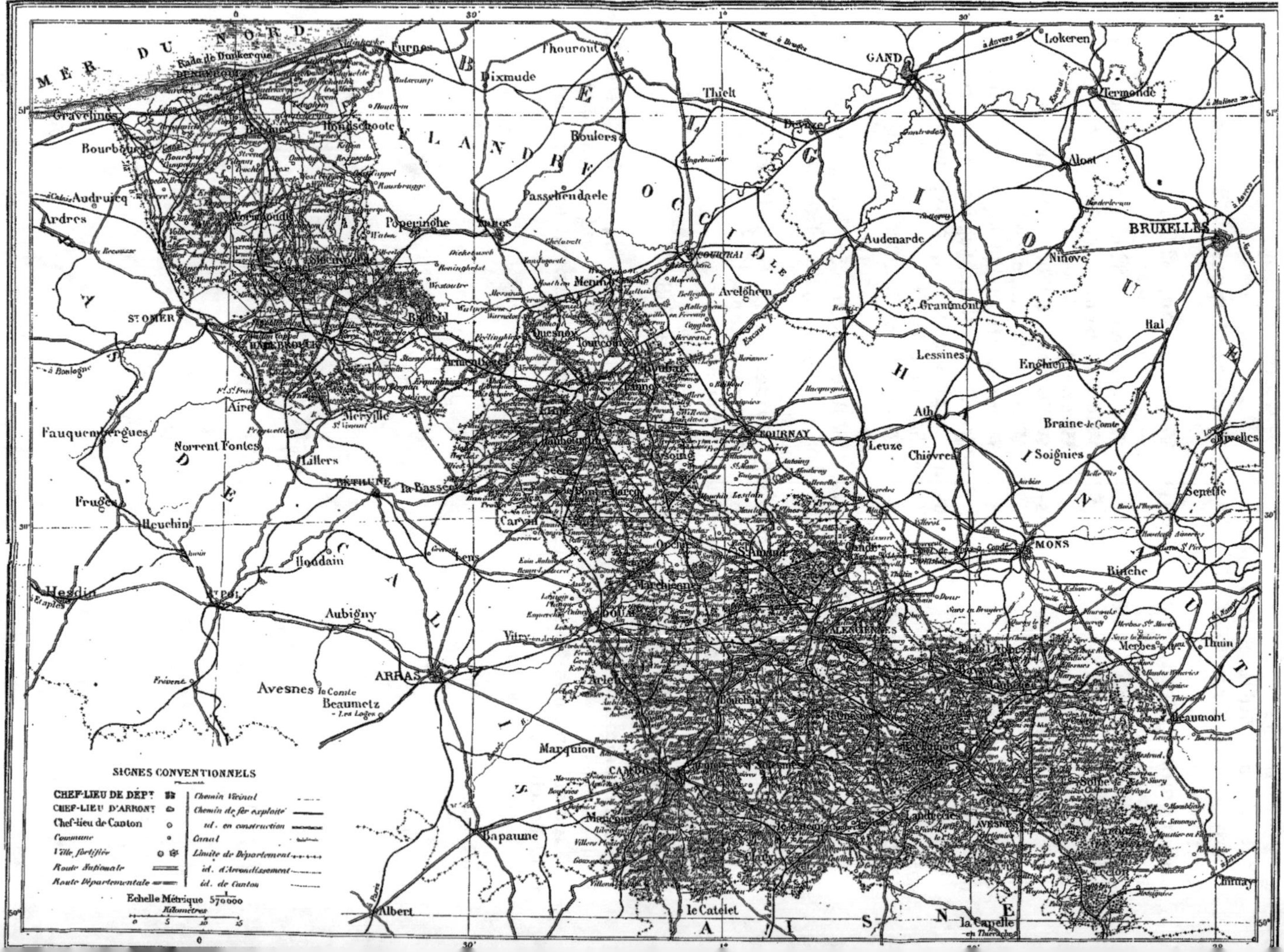

LIBRAIRIE HACHETTE ET Cie

A PARIS, BOULEVARD SAINT-GERMAIN, 79

NOUVELLE COLLECTION DE GÉOGRAPHIES DÉPARTEMENTALES
PAR AD. JOANNE
FORMAT IN-12 CARTONNÉ

Prix de chaque volume. . . . . 1 fr.

(*Mars 1878*)

40 départements sont en vente

EN VENTE

Ain.	11 gravures, 1 carte.		Jura.	12 gravures, 1 carte.	
Aisne.	19	— 1 —	Landes.	16	— 1 —
Allier.	27	— 1 —	Loire.	14	— 1 —
Aube.	14	— 1 —	Loire-Inférieure.	20	— 1 —
Basses-Alpes.	11	— 1 —	Loiret.	22	— 1 —
Bouch.-du-Rhône	27	— 1 —	Maine-et-Loire.	24	— 1 —
Cantal.	14	— 1 —	Meurthe.	31	— 1 —
Charente.	28	— 1 —	Morbihan.	13	— 1 —
Charente-Infér.	14	— 1 —	Nord.	20	— 1 —
Corrèze.	11	— 1 —	Oise.	10	— 1 —
Côte-d'Or.	29	— 1 —	Pas-de-Calais.	16	— 1 —
Côtes-du-Nord.	10	— 1 —	Puy-de-Dôme.	16	— 1 —
Deux-Sèvres.	14	— 1 —	Rhône.	16	— 1 —
Dordogne.	14	— 1 —	Saône-et-Loire.	23	— 1 —
Doubs.		— 1 —	Seine-et-Marne.	13	— 1 —
Gironde.	15	— 1 —	Seine-et-Oise.	25	— 1 —
Haute-Saône.	12	— 1 —	Seine-Inférieure.	20	— 1 —
Haute-Vienne.	10	— 1 —	Somme.	12	— 1 —
Indre-et-Loire.	40	— 1 —	Vienne.	15	— 1 —
Ille-et-Vilaine.	14	— 1 —	Vosges.	17	— 1 —
Isère.	10	— 1 —			

EN PRÉPARATION

Ardèche — Finistère — Haute-Savoie — Indre — Loir-et-Cher
Savoie — Vendée

ATLAS DE LA FRANCE
CONTENANT 95 CARTES

(1 carte générale de la France, 89 cartes départementales, 1 carte de l'Algérie et 4 cartes des Colonies)

TIRÉES EN 4 COULEURS ET 94 NOTICES GÉOGRAPHIQUES ET STATISTIQUES

1 beau volume in-folio, cartonné : 40 fr.

Chaque carte se vend séparément. . . . . 50 c.

TYPOGRAPHIE LAHURE, RUE DE FLEURUS, 9, A PARIS.

www.ingramcontent.com/pod-product-compliance
Lightning Source LLC
LaVergne TN
LVHW022126080426
835511LV00007B/1054